Isabel Logroño Carrascosa

Una propuesta para el estudio de la poesía

Isabel Logroño Carrascosa

Una propuesta para el estudio de la poesía

en la clase de Lengua Espanola

Editorial Redactum

Imprint

Cover image: www.ingimage.com

Publisher:
Éditions universitaires européennes
is a trademark of
International Book Market Service Ltd., member of OmniScriptum Publishing Group
17 Meldrum Street, Beau Bassin 71504, Mauritius
Printed at: see last page
ISBN: 978-620-2-48521-0

UNA PROPUESTA PARA EL ESTUDIO DE LA POESÍA EN EL CURRÍCULO DE LENGUA ESPAÑOLA Y LITERATURA DE 4º DE ESO:

Un itinerario poético del s. XIX al XXI a través de las distintas etapas del amor, basado en ejercicios de escritura creativa y uso de las TIC.

Dra. Isabel Logroño Carrascosa

Profesora Lengua castellana y Literatura Colegio Santa Teresa (Pamplona)

Profesora Universidad Isabel I (Burgos)

Y FUE a esa edad... Llegó la poesía
a buscarme. No sé, no sé de dónde
salió, de invierno o río.
No sé cómo ni cuándo,
no, no eran voces, no eran
palabras, ni silencio,
pero desde una calle me llamaba,
desde las ramas de la noche,
de pronto entre los otros,
entre fuegos violentos
o regresando solo,
allí estaba sin rostro
y me tocaba.

("La Poesía", Pablo Neruda)

ÍNDICE

1. Presentación

En el estudio de la Lengua española y la Literatura, la poesía se ha presentado siempre como el contenido más vulnerable y frágil, el más complicado y difícil de conectar con los alumnos, el más inexplicable e incomprensible y su abordaje basado en técnicas historicistas y sistemáticos comentarios de textos no ha ayudado a mejorar ni su imagen ni su atractivo. En el presente trabajo he querido plantear una propuesta para subsanar el fracaso de su estudio.

En primer lugar, a través de las posturas de distintos académicos y poetas, he intentando defender la importancia de la poesía no solo como parte inherente del currículo de ESO sino también como elemento indispensable en el día a día de nuestra propia existencia. A continuación, he señalado y analizado los principales problemas que presenta tanto el modelo historicista como el modelo basado en el mecánico comentario de textos, haciendo especial hincapié en la necesidad de adaptarse al nuevo cambio de la sociedad y de los seres humanos (más activos, más dinámicos) y a la incorporación de las TIC. Después, echando un vistazo a los intereses adolescentes, me he decantado por el amor como contenido clave para atraer a los jóvenes en el desarrollo de una empatía hacia el objeto poético.

Finalmente, he presentado mi propuesta didáctica: la división del año escolar de 4° de ESO facilita la asignación de un género literario (narrativa, teatro y poesía) por trimestre, así pues, la unidad didáctica que planteo está preparada para un trimestre o evaluación escolar y sigue un itinerario cronológico (siglo XIX, XX y XXI) y temático (el amor en sus diferentes etapas: el idilio o el flechazo, la pasión, el compromiso, el desgaste o la pérdida y la nostalgia). No obstante, la propuesta de estudio se centra en el taller de escritura tomando como modelo los poemas y canciones tanto de poetas de prestigio internacional como de cantautores de escasa difusión nacional. De este modo, la poesía se presenta como un ente cercano a sus vidas, no limitado a viejos manuscritos de escritores ancianos que ya no existen, sino que se extiende y rodea nuestras vidas en formas de canciones, de fotografías...etc. El hecho poético es hecho vital, y esa es la principal idea que sustento en este trabajo para enganchar al estudiante adolescente. Para su tratamiento en el aula, me ha parecido oportuno incluir dos posibles alternativas de aplicación: una primera, basada en bloques de contenidos y una segunda, basado en la tipología de las actividades.

Concluyo este proyecto con un ANEXO basado en la aplicación práctica de parte del mismo con los alumnos de Secundaria del colegio Salesianos de

Pamplona, y una recopilación bibliográfica de los textos poéticos y académicos utilizados para la realización del mismo.

2. Poesía para la vida en general y para la Educación Secundaria en particular

-Oiga, ¿por qué habla siempre de poesía? ¿Qué tiene que ver la poesía con esto? -¿La poesía? Verás, si puedes leer poesía, podrás leerlo casi todo. Cuando lees y entiendes la poesía, estás listo para cualquier cosa. (*Mentes peligrosas,* dirigida por John N. Smith, 1995)

¿Qué tiene que ver la poesía con esto, con la vida? La duda y el desconcierto que muestra este alumno ante la Profesora Louanne Johnson (Michelle Pfeiffer) en la película *Mentes peligrosas* no dista mucho de lo que sucede en las aulas hoy en día. ¿Para qué sirve la poesía? Si echamos un vistazo a las respuestas recogidas en la clase de 4° A de ESO del centro privado concertado Salesianos de Pamplona, vemos que algunos alumnos tampoco lo tienen muy claro:

«La poesía creo que sirve para declararse amorosamente y expresar sentimientos de una forma distinta. Pero en general creo que no se usa mucho» Jon Pérez.

«La poesía solo sirve para la gente enamorada, porque para más no le veo sentido» Alexandra Salazar.

Y otros lo tienen claro pero parecen no estar muy contentos con ella:

«Para amargarme, aburrirme y deprimirme en las clases de Lengua. También hace que quiera construir una máquina del tiempo y viajar a la fecha en la que los poetas nacen, matarlos y así no habría poesía» David Raposo Lucas.

Tal y como vemos, podemos constatar lo que ya decía Víctor Moreno acerca de la idea sobresaliente entre la mayoría de los adolescentes y los adultos acerca de la poesía: «indiferencia absoluta y, en cantidad de casos, desprecio infundado» (MORENO 1998: 21). Eso nos lleva a plantearnos: ¿cómo es posible que no tenga o parezca no tener utilidad algo que para los adolescentes, sabiéndolo o sin saberlo, forma parte de su día a día? En palabras de Ángel González, «la poesía está inseparablemente unida a la vida» (LUZÁN 2006). La poesía está a su alrededor, está en canciones de su mp3, en mensajes de texto, en frases emotivas que adornan su tablón de *facebook* o de *tuenti*... Las palabras como imágenes en forma de piropos, de insultos o de chistes salen de sus bocas y de sus dedos cada dos por tres y los convierte en creadores, y creadores con poder, tal y como decía Luis

Cernuda, «lo maravilloso de la poesía es la posibilidad inagotable que hay en ella». La poesía nos da la oportunidad de convertirnos en productores, en artistas, en inventores que a través de infinitos textos con infinitas formas e intenciones «nombran a las cosas como les da la gana» (LUZÁN 2006), hablan acerca de «lo que somos, lo que podríamos ser, lo que seremos» (ALONSO 2012: 2) y ponen fin «al vacío, el silencio y la oscuridad» (SÁNCHEZ MESA 2007: 101).

El adolescente que vive en esa etapa en la que todo empieza y termina con el YO tiene que saberlo, tiene que conocer la herramienta tan poderosa que tiene a su disposición para hacer partícipe al mundo de su existencia. La poesía debería ser un correlativo natural a la adolescencia. Decía Francisco Javier Irazoki durante la presentación de su libro *Retrato de un hilo* el 31 de Marzo de 2013 en la librería Elkar de Pamplona que «los adolescentes reflexionan, son capaces de reflexionar», por supuesto, y más en un momento en el que el amor, la amistad, el inconformismo ante la autoridad y el mundo se convierten en sirocos constantes de su pensamiento. La poesía debe mostrarse por tanto, al servicio de esa reflexión y expresión, tal y como versaba Gloria Fuertes «Poesía debe ser comunicación/penetración/emoción/hacer pensar/pellizcar y crecer en la espontaneidad» (FUERTES 1995: 130) y ayudarnos a conocernos a nosotros mismos en una etapa tan difusa como la pubertad y más allá de ella.

La poesía puede conectar (si la dejamos) con todos los periodos de nuestra vida, ofreciéndonos una y otra vez ese poder creador, esa extensión ilimitada de nuestra libertad individual que nos permite «comunicarnos de forma profunda con los demás y con la naturaleza» (SÁNCHEZ MESA 2007: 282) y en este mismo sentido, «en una época que subraya los significados superficiales, llena de virtualidades sin verdadera fuerza interna, la poesía está ahí para sacar a la luz lo no mostrado a simple vista» (SÁNCHEZ MESA 2007: 445), es decir, a través de ella recuperamos ese sentido humano interno que a veces olvidamos, nos ofrece un espacio privado para dialogar sobre la raíz de las cosas, del hombre y sus pensamientos y emociones, un bálsamo para cerrar heridas y un espejo en el que «encontrar sentimientos con los que poder identificarte» (LUZÁN 2006) o incluso «acrecentar nuestra sensibilidad como lectores», como señala José Manuel Caballero Bonald[1]. Y resulta bien cierto, porque leer poesía nos permite desarrollar un dominio del lenguaje abstracto y simbólico, mejora nuestra capacidad de atención en la lectura, ya que la poesía resulta más breve que la prosa pero también más densa y, en muchas ocasiones, más hermética, tal y como decía Voltaire: «la poesía tiene un mérito que pocas personas negarán: dice más y en menos palabras

[1] http://blogs.elpais.com/papeles-perdidos/2012/03/para-que-sirve-la-poesia.html

que la prosa». Por lo que tendremos que escudriñar con más precisión y empeño cada palabra.

Y, por último, nos ayudará a dar rienda suelta a las emociones y los sentidos que se nos despiertan en cada verso leído, tendremos una mayor facilidad para percibirlas, etiquetarlas y comprenderlas, no solo en el poema, sino en la vida en general. Y, seamos niños o adultos, esto siempre viene bien.

3. ¿Por qué no es efectivo el actual modo de enseñar poesía? Escritura creativa e Internet: las alternativas

De un tiempo a esta parte es inevitable darse cuenta de que los tiempos han cambiado en general y en las aulas en particular. La velocidad, las tecnologías, la sociedad de la información, el dinamismo, el carácter activo, el "hacer"... son conceptos que reclaman su espacio en el mundo de la educación. El alumno pasivo de hace unos años, que se limitaba a mantener su atención hacia el frente, a ir recibiendo y absorbiendo conocimientos, debe ser sustituido (para no resultar anacrónico) por un alumno que adopte un carácter de "prosumidor", es decir, que no solo consuma sino que también sea capaz de generar, de construir conocimientos.

Esta nueva concepción del alumno y de la educación nos ha obligado a echar por tierra la corriente historicista que desde los orígenes del aprendizaje se viene utilizando en las aulas, y que se caracterizaba por su apoyo a un «aprendizaje pasivo, memorístico, que antepone los contenidos al contacto real con los textos y relega las producciones textuales de carácter estético realizadas por los alumnos» (MARGALLO 2011: 170). La corriente historicista solo tiene sentido cuando el profesor la utiliza para «situar los poemas dentro del cauce de la tradición literaria» tal y como señala Felipe Zayas en su blog, es decir, cuando nos sirve para establecer puntos de contacto en cuanto a temas, tópicos y asuntos con otras familias y corrientes, de manera que permita al alumno generar un esquema estructurado en su cabeza que le facilite la labor de comprensión.

Pero no solo la corriente historicista se ha visto superada, también su sucesora, la corriente basada en el comentario de textos ha demostrado ser insuficiente para los nuevos tiempos, ya que el texto quedaba convertido en un instrumento de disección en el que «la comprensión queda subordinada a la correcta aplicación del procedimiento, la sofisticación del análisis elimina la posibilidad de una lectura subjetiva, la complicación de la tarea hace imprescindible la mediación de un enseñante poseedor de saberes técnicos» (MARGALLO 2011: 171-172) y cuyos «resultados produjeron más bien una falsa cientificidad técnica en el trabajo de la escuela secundaria» (COLOMER 3: 2002) Es decir, a través de este sistema, el despertar del gusto literario sucumbe ante una lectura predominantemente técnica y mecánica que contribuye a la formación no de lectores, sino de críticos, y para la que, además, se necesita de un profesional que "corte las alas" de forma constante a cualquier alarde inspirador subjetivo que el texto pueda despertar en el alumno. Si ya nos resulta difícil despertar el interés por algo tan considerado a veces difuso como la poesía, ¿cómo conseguirlo si, tal y como dice Víctor Moreno, «el poema se convierte en objeto de análisis y queda reducido de forma inmisericorde a un galimatías incomprensible, abrumado por las nieblas de los contenidos y de los conceptos que todo lo avasallan de nominalismo académico: ritmo, rima, metro, estrofas, poesía lírica, épica, filosófica, figuras y demás retórica deliciosa?» (MORENO 1998: 22).

La Educación literaria ha permitido acabar con esto, ha recuperado el valor indiscutible de la interpretación del lector, abriendo camino a la empatía texto-experiencia que permite presentar el texto no como un objeto ajeno y desconectado de la vida del alumno, sino al contrario, tal y como veíamos en el apartado anterior, ha vuelto a ligarse indisolublemente a la existencia del individuo, ha recuperado las «conexiones con la propia vida» (MARGALLO 2011: 173) a partir de las cuales nace una libertad de interpretación y «el acceso a un modo específicamente humano de ver y de sentir el mundo» (COLOMER 4: 2001). Y en esta nueva concepción, la escritura literaria tiene mucho que aportar ya que se «se ha convertido en uno de los ejes de la educación literaria que a través de los talleres literarios hace hincapié en conceptos como actividad, expresión, fantasía y creatividad» (MARGALLO 2011: 180) y nos permite, además, recuperar el valor de «la literatura como andamiaje privilegiado para la experiencia de la capacidad simbólica del lenguaje » (COLOMER 3: 2002).

La escritura nos ofrece una nueva forma de leer, de interpretar, de detectar y poner en práctica las características de los textos, desarrolla la interpretación y fomenta las habilidades lingüístico-expresivas, en otras palabras, «la clase se convierte en el espacio de una comunicación literaria viva» (SÁNCHEZ ENCISO 2011: 52), donde el alumno sea capaz de «dialogar con el texto desde sus sensaciones, sentimientos, intuiciones suscitadas por el lenguaje del poema» (SÁNCHEZ ENCISO 2011: 55), animado para ello por un profesor activista que invita a los alumnos a ser creadores y a vivir la lectura y la escritura en voz alta, ofreciendo una serie de directrices «no como un crítico literario, sino como un guía»[2], que no solo va encauzando la propia interpretación personal hacia la esencia del poema, sino que además proporciona una serie de mecanismos que facilitan la comprensión del poema y del artificio poético.

No existe mejor manera de crear lectores que creando escritores, así lo asegura Víctor Moreno cuando nos dice que «Escribir es voz activa. Leer es voz pasiva. Quien consigue de los niños que se conviertan en voces activas, logrará, por lo mismo, que conjuguen la voz pasiva del leer» (MORENO 2004: 19), aquel que escribe, nunca deja de leer, siempre necesita de modelos de los que beber e

[2] http://trestizas.wordpress.com/2009/06/18/felipe-zayas-competencia-y-solvencia-educativa/

inspirarse, nuevas formas de expresión que adaptar a su propio estilo. Asimismo, «escribir es el medio más óptimo para que el niño descubra de qué retazos, de qué argucias, de qué tripas, de qué sueños, de qué mentiras, de qué verdades, están fabricados los libros, están aliñadas sus lecturas» (MORENO 2004: 20) solo adentrándonos en la raíz, en la esencia de las cosas podemos descubrir sus mecanismos internos, por eso la escritura nos ayuda a conocernos a nosotros mismos y también, nos puede ayudar a conocer a los demás. La escritura, especialmente cuando se realiza de forma concienciada, no por el mero hecho de escribir por escribir, resulta muy eficaz a la hora de resolver problemas de comprensión, articula nuestro pensamiento y nos permite poner en orden nuestras ideas, y resulta llamativo cómo pese a todas las ventajas que presenta, tal y como señala Víctor Moreno, «en el sistema educativo español no existe una tradición institucional que haya apostado por la formación "escritularia" de sus educandos» (MORENO 2005: 32). La escritura no puede quedarse fuera de las aulas, tiene que ser reivindicada y apoyada por todas las posibilidades educativas formativas y personales que presenta, a través de un «enfoque comunicativo de la lengua y con planteamientos procedimentales distintos a los que normalmente se usan» (MORENO 2005: 33), construyendo el papel del alumno-escritor.

Otro problema de la enseñanza poética de la actualidad está relacionado con la selección de los textos. La mayor parte de los poemas que se presentan como modelos, especialmente en los últimos cursos de la ESO -donde se realiza un acercamiento a la poesía contemporánea- son textos oscuros y herméticos con los que el alumno difícilmente puede establecer un vínculo, las palabras que lee se presentan de forma opaca y desconectada de su realidad, es por eso que el profesor ha de ser también un buen antólogo a la hora de escoger los textos y tratar de seleccionar aquellos poemas y canciones que, tal y como dice Felipe Zayas en su blog, les hagan decir "esto es lo que yo hubiera querido decir, estas palabras son ya mías, como si yo las dijera" de manera que el adolescente no perciba el lenguaje poético como un inalcanzable. Si, ya de por sí el tiempo dedicado por el currículo al estudio poético es breve, tratemos en ese corto lapso de tiempo que se nos ofrece de proporcionar productos que permitan despertar el interés y el placer en el alumno, para que el fin de la evaluación no implique también el fin del camino para la poesía, especialmente cuando nos encontramos con alumnos «a los que más que animar a leer y a escribir poemas, hay que reanimarlos, insuflarles en el cuerpo una pizca de savia regeneradora, de aire nuevo, de oxígeno metafórico y de sensibilidad para que vuelvan a nacer al mundo de lo poético» (MORENO 1998: 22), quitarles también el miedo a pensar que «la poesía es algo que necesita preparación» (LUZÁN 2006) y que por lo tanto, sólo está al alcance de aquellos que nacen con un don especial para la versificación.

Como docentes, nuestra labor es la de desterrar prejuicios, abrir senderos, proporcionar salidas y vías de escape y comunicación y la escritura poética se nos presenta como un de las más polifacéticas y de las más ricas. Y más útiles, aunque parezca que no, ya que también podemos recuperar a través de esa escritura poética una función reivindicativa, tal y como señala Miguel Ángel Garrido: «la enseñanza de la literatura no es un mero intercambio de impresiones sobre la lectura, necesita de un verdadero reajuste, una ubicación clara en su función social» (GARRIDO 2000: 344).

Por último y retomando una de las ideas que comentábamos al principio del apartado, una de las necesidades más acuciantes para mejorar la educación literaria y conseguir involucrar al estudiante adolescente implica la importancia de introducir las TIC en la enseñanza, tanto a la hora de realizar lecturas como ejercicios de escritura creativa. Decía Kirmen Uribe en el artículo de LUZÁN 2006 que «la poesía se ha refugiado demasiado en los libros, y existe también la poesía de los recitales, en Internet, en las canciones». En un mundo tan audiovisual, hipertextual y proactivo como en el que vivimos en la actualidad, las redes sociales, blogs y demás recursos deben estar presentes en las aulas no solo para conseguir atrapar la atención de los alumnos, sino para mantener viva la constante de que la poesía no está desconectada de la realidad. ¿Por qué no aprovechar la difusión de los escritos poéticos de los alumnos a través de un blog? ¿Por qué no generar montajes de palabra, música e imagen para presentar un poema? ¿Por qué no *tuitear* los versos de nuestros autores favoritos o incluso nuestros propios versos y aprender a criticar y valorar y a dejarnos criticar y valorar? Entendiendo que detrás de todas estas actividades existe siempre una intencionalidad formativa tal y como señala Consuelo Allué: «organizar el pensamiento para publicar nuestros escritos en un blog no es charlar en un bar, con todos los sobreentendidos del lenguaje no verbal, más bien nos obliga a poner nombre a las cosas, elegir, decidir, incluso a vernos frente a nosotros mismos.

Estamos hablando de pensar críticamente, organizar y presentar el pensamiento con lógica, de comunicar, tomar decisiones, ser rigurosos, entender el contenido y el contexto, persuadir, de autoformación, competencia, interacción…» (ALLUÉ 2012: 2-3). Es decir, los soportes tradicionales: libros, cuadernos… han quedado como una alternativa más que poco a poco debe ir dejando cada vez más hueco a la denominada "alfabetización digital" que se centra «en las capacidades específicas que impone el soporte digital en el uso de la escritura» (CASSANY 2000: 8), de manera que los modos de expresión que desarrolle el adolescente durante la clase de Lengua tengan una perfecta aplicación práctica en su día a día.

4. Poesía, adolescencia y… amor

Veíamos que uno de los grandes quebraderos de cabeza para el adolescente durante esta etapa era precisamente el amor. A esta edad las hormonas se despiertan y los adolescentes comienzan a experimentar sensaciones y sentimientos que se difuminan entre la amistad, el cariño y algo más. Tienen lugar las primeras miradas de interés, las primeras citas, los primeros besos furtivos y por supuesto, también, los primeros desengaños. ¿Y qué pinta en todo esto la poesía? Por un lado, la lectura de la misma nos permite «alimentar nuestra ilusión, aliviar un desencanto, reconocernos en un dolor ajeno –y no vernos tan solos o desesperados-, para comprender o reforzar todo tipo de sentimientos…» (PLAZA 1998: 13). Es decir, encontramos un espejo donde mirarnos y sentirnos reflejados y comprendidos, nuestro dolor y nuestra ilusión fueron alguna vez el dolor o la ilusión de otro alguien que decidió dejarlo por escrito y que ahora nos sirve a nosotros para sentirnos acompañados. Para compartir un momento triste o una alegría dichosa. Por otro lado, escribir poesía «nos puede servir para conquistar (o intentarlo) a la persona amada, para no volvernos locos de amor ante un desengaño –es decir, como un paño de lágrimas-, para echar fuera –e iluminar- nuestras propias dudas y zozobras existenciales o sentimentales… En fin, ¿para qué seguir?» (PLAZA 1998: 13), gracias a la poesía se despierta en nosotros una *catarsis* que funciona a través de la lectura o la escritura como el mejor de los psicólogos.

«El amor mueve el mundo» decía Luis Cernuda, y sobre todo, el mundo de los adolescentes. Sus canciones favoritas son siempre canciones de amor, las películas que acuden a ver al cine pertenecen por lo habitual al género romántico y en clase, los cuentos o poemas que más gustan… son poemas de amor. Por lo tanto, ¿por qué no aprovechar este tema tan plurisignificativo y universal para engancharlos en el gusto por la poesía? ¿De qué sirve presentarles poemas profundamente existencialistas y oscuros que no sólo no despierten su gusto por la lectura poética sino que, además, contribuyan a incrementar su separación y odio? Resulta más conveniente optar por «los poemas breves, sencillos, directos, aquellos que se entienden fácilmente y con los que chicos y chicas se pueden identificar» (PLAZA 1998: 20) y a partir de los cuales se les puedan pedir ejercicios asequibles de escritura creativa, con los que puedan trabajar las características del lenguaje poético y, al mismo tiempo, les sirvan para «expresar lo que muchas veces sentimos y no nos atrevemos a decir o no sabemos decirlo» (PLAZA 1998: 21). Asimismo, esto nos permite eliminar prejuicios a la hora de identificar la expresión de los sentimientos con algo cursi, que nos hace vulnerables o es propio solo del interés femenino.

El amor y todo lo que esto conlleva es algo universal, que no solo no nos muestra débiles sino que nos hace más fuertes cuando sabemos detectar un sentimiento, comprenderlo y actuar en consecuencia. Y es por todo ello que la expresión del amor debe presentarse al adolescente de la forma más amplia y rica en cuanto a tipología posible: el amor heterosexual, el amor homosexual, el amor platónico, el amor romántico, el amor sexual..., en cuanto a actitudes: burlesca, romántica, obsesiva y también en cuanto a voces, de manera que yo el *yo lírico* predominantemente masculino se vea equilibrado por voces femeninas que ayuden a reflejar que la literatura «a partir de los años 70 se muestra activamente comprometida en favorecer valores sociales no discriminatorios» (COLOMER 8: 1994). Todo ello para ir abriendo progresivamente la mirada del adolescente, para ayudarle en el destierro de la idea absoluta del "sin ti no soy nada" que envenena el amor de la pubertad con sus celos y su sometimiento y para ir mostrándole una diversidad de posturas amorosas entre las cuales pueda sentirse identificado. Muchas veces, si echamos un vistazo a las selecciones poéticas que se ofrecen en los libros de texto, la mayor parte de los poemas escogidos se refieren a un amor romántico heterosexual, y esa es la idea que termina cuajando en la mente del adolescente. Todo lo demás resulta raro, poco usual, desconocido... Es por eso que se debería ir más allá y mostrar más alternativas, y utilizar consciente o inconscientemente la poesía como una estrategia para educar afectiva y sexualmente al adolescente. No olvidemos que, al fin y al cabo, estamos en la Educación Secundaria Obligatoria y el temario es tan solo una parte más del currículo que debemos proporcionar en la educación.

5. Una propuesta para el estudio de la poesía en el currículo de Lengua española y Literatura de 4º de ESO: *Un itinerario poético del s. XIX-XXI a través de las distintas etapas del amor basado en ejercicios de escritura creativa y uso de las TIC*

La propuesta didáctica que presento a continuación está dirigida a 4º de ESO para el bloque de Educación Literaria, dentro de la asignatura Lengua castellana y Literatura y podría centrarse en una evaluación, dedicando las otras dos a la narrativa y al teatro, respectivamente, puesto que el estudio de la historia de los tres géneros literarios a la vez resulta tan dinámico como confuso para el estudiante, por lo que mi propuesta parte de centrar e intensificar el estudio exclusivo de la poesía en un único trimestre. De acuerdo con lo establecido en el currículo de ESO, el objetivo literario primordial busca estudiar la historia de la literatura en castellano durante los siglos XIX, XX y XXI, y de los autores más significativos, así como también un acercamiento a las literaturas hispánicas y europeas enmarcadas en el mismo periodo temporal. Y no solo por cuestiones de currículo, sino también porque este periodo me resulta el más adecuado para plantear mi proyecto de Educación Literaria porque «las obras anteriores a estas épocas no son las más accesibles para los que empiezan a descubrir la poesía y su efecto puede ser contraproducente» (PLAZA 1998: 16). Así pues, siguiendo esta directriz los textos poéticos que he seleccionado responden a dicha cronología y al mismo tiempo intentan responder también a las reflexiones analizadas en los apartados anteriores.

Por un lado, la temática que proporciona unidad al conjunto de textos poéticos es el amor, dividido en cinco fases: el idilio o flechazo, la pasión, el compromiso, la pérdida o desgaste y finalmente, la nostalgia. Por otro lado, la selección de los autores es muy variada, desde los más repetidos (Bécquer) hasta cantautores prácticamente desconocidos pero con un potencial poético de calidad (Andrés Suárez). Del mismo modo, la naturaleza de los textos es diversa, podemos encontrar poemas al uso, canciones, poesía visual…etc. Todo ello, tal y como veíamos para acercar la poesía a la vida cotidiana del adolescente tratando de abrir más su mente y explorar nuevas y atractivas facetas del panorama poético que pueden enganchar con sus modos de expresión. Por último, de acuerdo con la metodología de estudio, he optado por un enfoque activo basado en la escritura creativa, todos los poemas intentan conjugar la comprensión a través de la escritura poética, como una nueva forma de lectura y trabajo del texto que proporciona un carácter mucho más creativo y participativo en el adolescente. El uso de las TIC, especialmente de redes sociales y blogs aparece presente también en los ejercicios propuestos.

5.1 Propuesta de Itinerario I. Bloques de contenidos

5.1.1 El idilio o el flechazo

Siglo XIX

Hoy la tierra y los cielos me sonríen;
hoy llega al fondo de mi alma el sol;
hoy la he visto.., la he visto y me ha mirado...
¡Hoy creo en Dios!

("Rima XVII", Gustavo Adolfo Bécquer)

Por una mirada, un mundo,
por una sonrisa, un cielo,
por un beso... ¡yo no sé
que te diera por un beso!

("Rima XXIII", Gustavo Adolfo Bécquer)

Actividades:

1. Lectura de los poemas.
2. Comprensión y análisis: ¿Qué rasgo común comparten ambos poemas en cuanto a su construcción?
3. Escritura creativa: la ANÁFORA. Escoge una de las dos rimas y añade un verso más respetando la rima y la anáfora que prevalece (*Hoy.../Por un/una...*)
4. Recita en voz alta y comparte con tus compañeros la nueva rima que has creado.
5. TIC: *tuiteamos* los versos en una cuenta de *twitter* que hayamos creado para la clase de Lengua española y Literatura.

-Te amo… ¿Por qué me odias?
-Te odio… ¿Por qué me amas?
Secreto es éste el más triste
y misterioso del alma.

Mas ello es verdad… ¡Verdad
dura y atormentadora!
-Me odias porque te amo;
te amo porque me odias.

("Te amo, ¿por qué me odias?", Rosalía de Castro)

Actividades:

1. Lectura del poema.
2. Comprensión y análisis: ¿Cómo se siente el yo lírico en este poema? ¿Cómo te sientes tú al leerlo?
3. Escritura creativa: la PARADOJA. Sustituye los verbos *odiar/amar* por otra pareja de opuestos, dando un giro al sentido dramático del poema. (Puedes buscar un efecto lírico, cómico, absurdo…).
4. Recita en voz alta y por parejas y comparte con tus compañeros el nuevo poema que has creado.
5. TIC: subimos el nuevo poema al blog que hayamos creado para la clase de Lengua española y Literatura.

Un castillo de blancas azucenas
donde una mano leve
coloque entre armonías y rumores
rocío transparente;
un rayo misterioso de la luna
empapada en el éter;
un eco de las arpas que resuenan
y el corazón conmueven;
un beso de un querube en tus mejillas;
algo apacible y leve,
y escrita sobre la hoja de albo lirio,
una rima de Bécquer.

("Lo que yo te daría", Rubén Darío)

Actividades:

1. Lectura del poema.
2. Comprensión y análisis: ¿Qué colores y sonidos te sugiere el poema?
3. Escritura creativa: la IMAGEN (CAMPOS 1997: 20). Selecciona una de las imágenes del poema y plásmala en un dibujo o collage.
4. Intercambia tus creaciones con tus compañeros.
5. TIC: a través del uso de cámaras (fotográficas o de móvil) podemos compartir las imágenes y subirlas al blog de Lengua española y Literatura.

Eres tan bella
tú, como el prado tierno tras el arcoíris,
en la siesta callada de agua y sol;
como el rizado de la primavera,
contra el sol de la aurora;
como la avena fina del vallado
contra el sol del poniente del estío;
como tus ojos verdes con mi risa grana,
como mi hondo corazón con tu amor vivo.

(“Eres tan bella”, Juan Ramón Jiménez)

Actividades:

1. Lectura del poema.
2. Comprensión y análisis: ¿Qué rasgo te llama la atención en la construcción del poema?
3. Escritura creativa: el SÍMIL. Añade un verso más siguiendo la estructura el poema en el que reflejes tu idea de la belleza. (Puedes buscar un efecto lírico, cómico, absurdo…).
4. Intercambiad los versos que habéis creado y recitad en voz alta (con libertad de entonación) el nuevo verso que os haya tocado.
5. Escribimos nuestros versos en cartulinas/papeles y los repartimos fuera de la clase de Lengua española y Literatura.

Siglo XX

Yo no necesito [ ]
para saber cómo eres:
conocerse es el [ ]
¿Quién te va a ti a conocer
en lo que callas, o en esas
[ ] con que lo callas?
El que te busque en la [ ]
que estás viviendo, no sabe
mas que [ ] de ti,
[ ] donde te escondes.
Ir siguiéndote hacia atrás
en lo que tú has hecho, antes,
sumar acción con [ ],
[ ] con [ ], será
ir perdiéndote. Yo no.
Te conocí en la [ ].
Te conocí, repentina,
en ese [ ]
brutal de [ ] y [ ],
donde se revela el [ ]
que escapa al [ ] y la [ ].
Te vi., me has visto, y ahora,
desnuda ya del equívoco,
de la [ ], del [ ],
tú, [ ] en la centella,
palpitante de recién
llegada sin esperarte,
eres tan [ ] mía,
te conozco tan de [ ],
que en tu [ ] cierro los [ ],
y camino sin errar,
a ciegas, sin pedir nada
a esa [ ] lenta y segura
con que se conocen [ ]
y [ ] y se echan cuentas
y se cree que se ve
quién eres tú, mi [ ].
("Yo no necesito tiempo", Pedro Salinas)

Actividades:

1. Lectura del poema.
2. Escritura creativa: el SUSTANTIVO. Completa los huecos del poema con otros sustantivos, puedes buscar un efecto lírico, cómico, absurdo…
3. Recita el nuevo poema en voz alta y por parejas (uno recita la parte existente y otro la parte inventada) y comparte con tus compañeros el nuevo poema que has creado.
4. Lee el poema original y compara las sensaciones que uno y otro producen.

Cuando me miras.
Cuando a mi lado sin moverte, sentada, [ ] te inclinas;
cuando alargas tus dos manos, [ ], porque quieres, porque quisieras ahora,
tocar, sí, mi cara. Tus dos manos como de sueño, que casi como una sombra me alcanzan.
Miro tu rostro. Un soplo de ternura te ha echado como una luz por tus rasgos.
Qué [ ] pareces. Más niña pareces. Y me miras. Y me estás sonriendo.
¿Qué suplicas cuando alargando tus dos manos, [ ], me tocas?
Siento el fervor de la sombra, del humo que vivido llega.
Qué hermosura, alma mía. La habitación, [ ], [ ] reposa.
Y tú estás [ ], y yo siento mi rostro, [ ], [ ], en tus dedos.
Estás suplicando. Como una niña te haces. Una niña suplica.
Estás pidiendo. Se está quebrando una voz que no existe, y que pide
Amor [ ]. Amor en los dedos que pulsa sin ruido,
sin voces. Y yo te miro a los ojos y miro y te oigo.
Oigo el alma [ ], niña, que canta [ ]. Amor como beso.
Amor en los dedos, que escucho, cerrado en tus manos.

("Mi rostro en tus manos", Vicente Aleixandre)

Actividades:

1. Lectura del poema.
2. Escritura creativa: el ADJETIVO. Completa los huecos del poema con otros adjetivos (Puedes buscar un efecto lírico, cómico, absurdo…). Cada uno puede ajustar el poema al género que prefiera.

3. Recita en voz alta y comparte con tus compañeros el nuevo poema que has creado.
4. Lee el poema original y compara las sensaciones que uno y otro producen.

Tú me miras, amor, al fin me miras
de frente, tú me miras y te entregas
y de tus ojos líricos trasiegas
tu inocencia a los míos. No retiras

tu onda y onda dulcísima, mentiras
que yo soñaba y son verdad, no juegas.
Me miras ya sin ver, mirando a ciegas
tu propio amor que en mi mirar respiras.

No ves mis ojos, no mi amor de fuente,
miras para no ver, miras cantando
cantas mirando, oh música del cielo.

Oh mi ciega del alma, incandescente,
mi melodía en que mi ser revelo.
Tú me miras, amor, me estás mirando.

("Tú me miras, amor, al fin me miras…", Gerardo Diego)

Actividades:

1. Lectura del poema.
2. Comprensión y análisis: ¿Cómo se produce el ritmo o la música de este poema?
3. Escritura creativa: el RITMO/MÚSICA (CAMPOS 1997: 53). Selecciona un fondo musical y grábate en tu casa leyendo el poema sobre dicho fondo (Puedes buscar un efecto lírico, cómico, absurdo…).
4. Escuchad en clase vuestras grabaciones.
5. TIC: subimos nuestras grabaciones en un *podcast* a *Ivoox* para que todos los compañeros puedan tener a su disposición las distintas versiones musicalizadas del poema.

Ábreme, amor, la puerta
de la llaga perfecta.
Abre, amor mío, abre
la puerta de mi sangre.
Abre, para que salgan
todas las malas ansias.
Abre, para que huyan
las intenciones turbias.
Abre, para que sean
fuentes puras mis venas,
Mis manos cardos mondos,
pozos quietos mis ojos.
Abre, que viene el aire
de tus palabras… ¡Abre!
Abre, amor, que ya entra…
¡Ay!
Que no se salga… ¡Cierra!

("Silbo de la llaga perfecta", Miguel Hernández)

Actividades:

1. Lectura del poema.
2. Comprensión y análisis: ¿Qué rasgo te llama la atención en cuanto a la construcción del poema?
3. Escritura creativa: el PARALELISMO. Añade un nuevo paralelismo al final del poema (Puedes buscar un efecto lírico, cómico, absurdo…).
4. Recita en voz alta y comparte con tus compañeros el nuevo poema que has creado.
5. TIC: adornamos nuestro estado "tuenti" con el paralelismo que hemos creado.

No digas nunca
de esa mujer no beberé

("No digas nunca", Enrique González Rojo)

Desde que tú me miraste

tan sólo tus ojos veo;

o es que los demás no existen
o es que me dejaste ciego.

("Desde que tú me miraste", Manuel Amor Meilán)

Actividades:

1. Lectura de los poemas.
2. Comprensión y análisis: ¿Qué sensaciones te provocan estos poemas?
3. Escritura creativa: el REFRÁN o FRASE HECHA. A partir de uno de los dos poemas buscamos un efecto cómico. Seleccionamos un refrán o frase hecha y lo transformamos dándole un sentido amoroso y cómico a la vez.
4. Recita en voz alta y comparte con tus compañeros el nuevo refrán que has creado.
5. TIC: *tuiteamos* los versos en una cuenta de *twitter* que hayamos creado para la clase de Lengua española y Literatura.

Me despierto en tu cama.
Sé que he estado soñando.
Mucho más temprano, la alarma nos separó la una de la otra,
Has estado en tu escritorio por horas. Sé lo que soñé:
nuestra amiga la poeta viene a mi habitación
donde estuve escribiendo por días,
bocetos, carbonillas, poemas están desperdigados por todas partes,
y quiero mostrarle un poema
que es el poema de mi vida. Pero vacilo,
y me despierto. Besaste mis cabellos
para despertarme. *Soñé que eras un poema,*
digo, *un poema que quería mostrarle a alguien...*
y me río y vuelvo a soñar
con el deseo de mostrarte a toda la gente que amo,
para movernos abiertamente juntas
en el influjo de la gravedad, lo cual no es simple,
lo cual transporta al césped alado por un largo camino lejos

del elevado viento.

("Me despierto en tu cama...", Adrienne Rich)

Actividades:

1. Lectura del poema.
2. Comprensión y análisis: ¿Con qué se identifica el amor en este poema?
3. Escritura creativa: LA PERSONIFICACIÓN. Partiendo de la identificación de la *amada/poema* crea una nueva personificación en la que un objeto sea representado como la persona amada.
4. Recita en voz alta y buscando una adecuación entonación-contenido-forma (es decir, si la personificación que hemos creado tiene un carácter satírico o lírico que se muestre en la forma de recitarlo) y comparte con tus compañeros la nueva personificación que has creado.
5. Anotamos nuestros nuevos poemas en el "cuaderno poético" de la clase de Lengua española y Literatura.

delirantes asedios fantaseas
que relatas a todo el que te escucha
Dices que te persiguen las mujeres
¿no será tú el que corres ante ellas
¡Tantas me acosan que no doy abasto!
repites, y yo atónita me quedo.
porque mostrase seductor y casto
más bien parece ser quiero y no puedo.
protestando de cómo, aunque no quieres,
ni tu lecho respetan ya las bellas?
No extrañes de esta burla ser el pasto
en el humor rimado de Quevedo
¿por qué para aclarar esa ideas
febriles no te alivias en la ducha?

("Soneto burlesco a un doncel
que se declara victima de sus
encantos", Amparo Amorós)

Actividades:

1. Lectura del poema.
2. Escritura creativa: LA ESTRUCTURA (FERNÁNDEZ CAMPOS 1997:45). Partiendo de los versos desordenados que se dan, intenta reconstruir el soneto atendiendo al sentido y a la rima.
3. Recita en voz alta y comparte con tus compañeros el nuevo poema que has reconstruido.
4. Lee el poema original y comparad vuestros textos poéticos.
5. Anotamos nuestros nuevos poemas en el "cuaderno poético" de la clase de Lengua española y Literatura.

Doctor: se ha metido el nombre de quien amo
a enganchar mis arterias
y el tráfico es muy lento,
recéteme Doctor mire mis brazos.
¡No por favor Doctor que sean comprimidos!
No aguanto más pinchazos.

("Al doctor", Gloria Fuertes)

Actividades:

1. Lectura del poema.
2. Comprensión y análisis: ¿Con qué se identifica el amor en este poema? ¿Por qué?
3. Escritura creativa: LA METÁFORA. Partiendo de la identificación del poema *amor/enfermedad*, creamos otro binomio nuevo para representar el amor.
4. Recita en voz alta y comparte con tus compañeros la nueva metáfora sobre el amor que has creado.
5. TIC: subimos los nuevos poemas al blog que hayamos creado para la clase de Lengua española y Literatura.

Me gustas cuando callas porque estás como ausente,
y me oyes desde lejos, y mi voz no te toca.
Parece que los ojos se te hubieran volado

y parece que un beso te cerrara la boca.

Como todas las cosas están llenas de mi alma
emerges de las cosas, llena del alma mía.
Mariposa de sueño, te pareces a mi alma,
y te pareces a la palabra melancolía.

Me gustas cuando callas y estás como distante.
Y estás como quejándote, mariposa en arrullo.
Y me oyes desde lejos, y mi voz no te alcanza:
déjame que me calle con el silencio tuyo.

Déjame que te hable también con tu silencio
claro como una lámpara, simple como un anillo.
Eres como la noche, callada y constelada.
Tu silencio es de estrella, tan lejano y sencillo.

Me gustas cuando callas porque estás como ausente.
Distante y dolorosa como si hubieras muerto.
Una palabra entonces, una sonrisa bastan.
Y estoy alegre, alegre de que no sea cierto.

(“Poema 15”, Pablo Neruda)

Me gustas cuando dices tonterías,
cuando metes la pata, cuando mientes,
cuando te vas de compras con tu madre
y llego tarde al cine por tu culpa.
Me gustas más cuando es mi cumpleaños
y me cubres de besos y de tartas,
o cuando eres feliz y se te nota,
o cuando eres genial con una frase
que lo resume todo, o cuando ríes
(tu risa es una ducha en el infierno),
o cuando me perdonas un olvido.
Pero aún me gustas más, tanto que casi
no puedo resistir lo que me gustas,
cuando, llena de vida, te despiertas

y lo primero que haces es decirme:
«Tengo un hambre feroz esta mañana.
Voy a empezar contigo el desayuno».

("El desayuno", Luis Alberto de Cuenca)

Me gustas cuando me besas
cuando ríes a carcajadas
cuando hablas sola y se te oye
cuando riñes con tu madre por teléfono
o cuando estas inquieta
y no lo evitas

Me gustas cuando lloras en el cine
y disimulas
cuando dices disparates al volante
o cuando invades levemente la calzada
por mirarme

Me gustas cuando suspiras
cuando comes chocolate y te atormentas
o cuando me dices que te olvide y desvarías
antes de acostarte
después de una bronca

Pero aún me gustas más
al despertar por las mañanas
hablando en arameo con el despertador
y ofreciéndome de nuevo
la humedad de tu belleza nativa
para consumar
                    un nuevo acto
                              de reconciliación

("Preferencias", Javier Asiáin)

Actividades:

1. Lectura de los poemas.
2. Comprensión y análisis: ¿Qué imagen de la mujer amada nos presenta el primer poema? ¿Y el segundo? ¿Y el tercero? ¿Qué tienen en común? ¿En qué se diferencian?
3. Escritura creativa: LA ANTONIMIA. Partiendo de este verso *Me gustas cuando hablas porque estás como presente* continúa escribiendo tres versos más que construyan una estrofa.
4. Recita en voz alta y comparte con tus compañeros la nueva visión de la amada o del amado que has creado.
5. TIC: subimos los nuevos poemas al blog que hayamos creado para la clase de Lengua española y Literatura.

Siglo XXI

Libre te quiero,
como arroyo que brinca
de peña en peña.
Pero no mía.
Grande te quiero,
como monte preñado
de primavera
como enredadera
Pero no mía.
Buena te quiero,
como pan que no sabe
su masa buena.
Pero no mía.
Alta te quiero,
como chopo que en el cielo
se despereza.
Pero no mía.
Blanca te quiero,
como flor de azahares
como ala cortada
sobre la tierra.

Pero no mía.
Pero no mía
ni de Dios ni de nadie
ni tuya siquiera.

("Libre te quiero", Agustín García Calvo)

Actividades:

1. Lectura del poema.
2. Comprensión y análisis: ¿Cómo es la amada que nos presenta el poeta?
3. Escritura creativa: EL VERSO PIRATA (MORENO 1998: 243). Partiendo de la estructura del poema, seleccionamos los versos que se han colado en este poema dando argumentos sintácticos, semánticos, estilísticos...
4. Debatid en clase vuestras propuestas.

Ver el alba contigo,
ver contigo la noche
y ver de nuevo el alba
en la luz de tus ojos.

("Pide tres deseos", Amalia Bautista)

Actividades:

1. Lectura del poema.
2. Comprensión y análisis: ¿Qué imágenes te provoca el poema?
3. Escritura creativa: EL VERBO. Partiendo de la estructura del poema, seleccionamos un verbo de los cinco sentidos (excepto *ver*): oler, gustar, tocar, escuchar, y construimos tres versos en forma de deseos.
4. Recita en voz alta y comparte con tus compañeros el poema que has creado.
5. Escribimos nuestros nuevos versos en un mural que adorne la clase de Lengua española y Literatura.

Presos los dos de aquel imposible decoro
adolescente,
ni yo me sonrojé ni usted tampoco hizo nada por llamarse
al orden
cuando después de las risas y las aceitunas rellenas,
habiéndonos lubricado previamente el oído
con una minuciosa lista de vicios sexuales,
fuimos al amor como quien va al estanco de los primeros
cigarrillos.

("Presos los dos de aquel imposible decoro adolescente", Almudena Guzmán)

Actividades:

1. Lectura del poema.
2. Comprensión y análisis: ¿Cómo te imaginas al yo y al "usted" lírico del poema?
3. Escritura creativa: MI PRIMERA VEZ. Partiendo de la identificación que representa el poema *avidez amorosa-compra de los primeros cigarrillos* recuerda una "primera vez" de algún aspecto de tu vida y preséntala de una forma poética libre.
4. Recita en voz alta y comparte con tus compañeros el poema que has creado.
5. Anotamos nuestros nuevos poemas en el "cuaderno poético" de la clase de Lengua española y Literatura.

Puede que
dentro de un rato
sigamos demostrando
que la amistad
no se hizo
para
nosotros.
("Ahínco", Fermín Gámez)

Actividades:

1. Lectura del poema.
2. Comprensión y análisis: ¿Cuál es el "ahínco" del que habla el autor?
3. Escritura creativa: TRADUCCIÓN. El poema deja a nuestra libre imaginación el "ahínco" del yo y el tú lírico para alejarse de la amistad. Redacta un pequeño texto (no tiene por qué ser poético) en el que expliques según tu libertad imaginativa qué puede ocurrir entre ambos: puede ser una reflexión, la descripción de una situación, de un sentimiento...etc.
4. Recita en voz alta y comparte con tus compañeros la "traducción" que has realizado del poema.
5. Anotamos nuestros nuevos poemas en el "cuaderno poético" de la clase de Lengua española y Literatura.

Ha sido una mañana inolvidable
como todas las que pasan en un parque.
¿No serás tú? ¿No serás tú?
Quizás no importa el sitio y eso está de más.

Si de todos mis delirios y mis cuentos
sólo el tuyo ha mejorado el argumento,
¿no serás tú?, ¿no serás tú?
Quizás no importa el tema y eso está de más.

Ahora me escondo y te observo y te puedo decir:
Yo mataré monstruos por ti,
sólo tienes que avisar.

Ya hace algún tiempo salté y caí justo aquí.
Aquellos safaris sin fin
se esfumaron sin avisar.
Hoy lo he vuelto a notar,
cada nube es un plan,
se transforma al viajar
y no pesa y se va.
Somos nubes, no más.

Como hojas que danzan al viento,
así nos elevará el tiempo y nos hará rodar

y rodar y rodar y rodar y rodar ...

Como hojas que danzan al viento,
así os recogerá el tiempo y os hará rodar
y rodar y rodar y rodar y rodar ...

Como hojas que danzan al viento,
así os recogerá el tiempo y os hará rodar
y rodar y rodar y rodar y rodar ...

Como hojas que danzan al viento,
así os recogerá el tiempo y os hará rodar
y rodar y rodar y rodar y rodar ...

Nunca hay final, no hay final,
no es verdad, es verdad.

Nunca hay final, no hay final,
no es verdad, es verdad.

("Un día en el parque", Love of lesbian)

Actividades:

1. Lectura del poema.
2. Comprensión y análisis: ¿Cómo es la mañana en el parque que presenta el poema? ¿Qué sensaciones te provoca?
3. Escritura creativa: TRANSFORMACIÓN. Formad grupos de 5 o 6 en clase y repartiros una estrofa cada uno y representad la estrofa que os ha tocado de un modo libre: a través de un dibujo, un collage, un caligrama, una grabación de vuestra propia voz, una impresión de letras gráficas... Juntad todas vuestras creaciones en un vídeo con Windows Movie Maker.
4. Presentad a la clase vuestras creaciones.
5. TIC: subimos a Youtube el vídeo que hemos creado y lo publicamos en nuestro blog de la clase de Lengua española y Literatura.

(Chema Madoz)

(Joaquín Gómez)

Actividades:

1. Lectura del poema.
2. Comprensión y análisis: ¿Qué sensaciones te provocan ambos poemas? ¿Qué imagen del amor se transmite en ellas? ¿Qué crees que tienen en común?
3. Escritura creativa: POESÍA VISUAL. Realiza un collage o un montaje fotográfico sencillo en el que aparezca representada tu visión del enamoramiento o el flechazo.
4. Realizamos una pequeña presentación en Power Point o a través de un vídeo musicalizado en Youtube en el que presentar de forma conjunta todos vuestros poemas.

5.1.2 La pasión

Siglo XIX

Dos rojas lenguas de fuego
que a un mismo tronco enlazadas
se aproximan, y al besarse
forman una sola llama.

Dos notas que del laúd
a un tiempo la mano arranca,
y en el espacio se encuentran
y armoniosas se abrazan.

Dos olas que vienen juntas
a morir sobre una playa
y que al romper se coronan
con un penacho de plata.

Dos jirones de vapor
que del lago se levantan,

y al reunirse en el cielo
forman una nube blanca.

Dos ideas que al par brotan,
dos besos que a un tiempo estallan,
dos ecos que se confunden,
eso son nuestras dos almas.

("Rima XXIV", Gustavo Adolfo Bécquer)

Dos cuerpos frente a frente
son a veces dos olas
y la noche es océano.

Dos cuerpos frente a frente
son a veces dos piedras
y la noche desierto.

Dos cuerpos frente a frente
son a veces raíces
en la noche enlazadas.

Dos cuerpos frente a frente
son a veces navajas
y la noche relámpago.

Dos cuerpos frente a frente
son dos astros que caen
en un cielo vacío.

("Dos cuerpos", Octavio Paz)

Actividades:

1. Lectura de los poemas.
2. Comprensión y análisis: ¿Qué imágenes sobre la unión de los amantes te sugieren ambos poemas? ¿Qué diferencias y semejanzas encuentras?
3. Escritura creativa: LA METÁFORA II. Escribe una estrofa breve en la que recrees la unión de dos amantes siguiendo el modelo de Bécquer (octosílabos, rima asonante) o de Octavio Paz (heptasílabos, sin rima).
4. Recita en voz alta y comparte con tus compañeros la nueva metáfora que has creado.
5. TIC: subimos los nuevos poemas al blog que hayamos creado para la clase de Lengua española y Literatura.

Cuando llegue el invierno nos iremos los dos
en un vagón color de rosa
con cojines azules. ¡Ya verás
qué bien! Reposa un nido
de besos locos en cada rincón blando.

Tú cerrarás los ojos para no ver las muecas,
a través del cristal, de las sombras nocturnas,
esas monstruosidades horribles, populacho
de lobos negros y demonios negros.

Luego tú sentirás tu mejilla arañada...
Un beso diminuto correrá por tu cuello
como una araña loca...

Y me dirás, bajando la mirada: "¡Búscala!".
Y nos llevará tiempo encontrar ese bicho
que viaja tantísimo...
(En vagón, 7 de octubre de 1870)

("Soñado con vistas al invierno", Arthur Rimbaud)

Actividades:

1. Lectura del poema.
2. Comprensión y análisis: ¿Qué crees que quiere decir el yo lírico en el verso *y nos llevará tiempo encontrar ese bicho que viaja tantísimo*? ¿Qué imágenes te sugiere?

3. Escritura creativa: EL VERSO LIBRE. Escribe una breve experiencia en verso libre en el que recojas las sensaciones que recuerdes de la última vez que viajaste en tren, autobús, avión…
4. Recita en voz alta y comparte con tus compañeros tu experiencia.
5. Añadimos nuestras composiciones al "cuaderno poético" que hemos creado para la clase de Lengua española y Literatura.

Mía: así te llamas.
¿Qué más harmonía?
Mía: luz del día;
mía: rosas, llamas.

¡Qué aroma derramas
en el alma mía
si sé que me amas!
¡Oh Mía! ¡Oh Mía!

Tu sexo fundiste
con mi sexo fuerte,
fundiendo dos bronces.

Yo triste, tú triste...
¿No has de ser entonces
mía hasta la muerte?

("Mía", Rubén Darío)

Actividades:

1. Lectura del poema.
2. Comprensión y análisis: ¿Qué imagen del amor transmite el *yo lírico*? ¿Cómo se nos presenta la amada?
3. Escritura creativa: POLISEMIA. En este poema el autor juega con el doble significado de la palabra "Mía" (pronombre posesivo, nombre de mujer). Busca nombres que puedan utilizarse para referirse a personas y a otras realidades al mismo tiempo (E/ Olvido) e inventa un pequeño texto en tres o cuatro versos.
4. Recita en voz alta y comparte con tus compañeros tu experiencia.
5. TIC: subimos nuestras composiciones al blog que hayamos creado para la clase de Lengua española y Literatura.

Al amanecer,
el mundo me besa
en tu boca, mujer.
("La fusión", Juan Ramón Jiménez)

Seremos como
Tierra y Cielo, fundidos
acabaremos.
("Haikú", Eric A.)

De solo imaginarme que tu boca
pueda juntarse con la mía, siento
que una angustia secreta me sofoca,
y en ansias de ternura me atormento...

El alma se me vuelve toda oído;
el cuerpo se me torna todo llama
y se me agita de amores encendido,
mientras todo mi espíritu te llama.

Y después no comprendo, en la locura,
de este sueño de amor a que me entrego;
si es que corre en mis venas sangre pura,
o si en vez de la sangre corre fuego...

("De solo imaginarme", Alice Lardé de Venturino)

Actividades:

1. Lectura de los poemas.
2. Comprensión y análisis: ¿Qué colores te sugieren los poemas? ¿Encuentras alguna diferencia desde el puto de vista métrico: versos, rima…?
3. Escritura creativa: CONSTELACIÓN SEMÁNTICA. Tanto el texto de Juan Ramón Jiménez como el de este otro autor desconocido[3] construyen su poema

[3] http://www.falsaria.com/2012/01/cinco-haikus-de-amor/

alrededor del sema de la "fusión" con tintes cosmogónicos: mundo, cielo, tierra…
Por otro lado, el poema de Alice Lardé hace girar la unión o fusión amorosa alrededor de la cosmogonía del "fuego". Escribe tu propia visión de la "fusión" amorosa ¿qué palabras te sugiere? ¿qué cosmogonía te inspira? Intercambiadlas y compartirlas entre compañeros y construid un pequeño texto poético a partir de las palabras seleccionadas.
4. Recita en voz alta y comparte con tus compañeros tu experiencia.
5. TIC: *tuiteamos* los versos en una cuenta de *twitter* que hayamos creado para la clase de Lengua española y Literatura.

Siglo XX

Frente a la vitrina iluminada
de la tabaquería se detuvieron, entre muchos otros.
Sus miradas se cruzaron por azar
y el deseo prohibido de la carne
los retuvo tímidos y vacilantes.
Luego, algunos pasos inquietos sobre la vereda,
el intercambio de una sonrisa,
una leve señal.
Después el coche cerrado...
la sensual cercanía de los cuerpos;
la unión de las manos, la unión de los labios.

("Frente a la vitrina", Konstantinos Kavafis)

Actividades:

1. Lectura del poema.
2. Comprensión y análisis: ¿Qué imágenes o sensaciones te provoca el poema?
3. Escritura creativa: LA CONTINUACIÓN. El poema nos habla del encuentro entre dos amantes. Continúa el poema utilizando el verso libre narrando o describiendo las sensaciones o pensamientos del amante después del encuentro amoroso.
4. Recita en voz alta y comparte con tus compañeros tu continuación.

5. TIC: subimos nuestra continuación al blog que hayamos creado para la clase de Lengua española y Literatura.

Y que yo me la llevé al río
creyendo que era mozuela,
pero tenía marido.

Fue la noche de Santiago
y casi por compromiso.
Se apagaron los faroles
y se encendieron los grillos.
En las últimas esquinas
toqué sus pechos dormidos,
y se me abrieron de pronto
como ramos de jacintos.
El almidón de su enagua
me sonaba en el oído,
como una pieza de seda
rasgada por diez cuchillos.
Sin luz de plata en sus copas
los árboles han crecido,
y un horizonte de perros
ladra muy lejos del río.

*

Pasadas las zarzamoras,
los juncos y los espinos,
bajo su mata de pelo
hice un hoyo sobre el limo.
Yo me quité la corbata.
Ella se quitó el vestido.
Yo el cinturón con revólver.
Ella sus cuatro corpiños.
Ni nardos ni caracolas
tienen el cutis tan fino,
ni los cristales con luna

relumbran con ese brillo.
Sus muslos se me escapaban
como peces sorprendidos,
la mitad llenos de lumbre,
la mitad llenos de frío.
Aquella noche corrí
el mejor de los caminos,
montado en potra de nácar
sin bridas y sin estribos.
No quiero decir, por hombre,
las cosas que ella me dijo.
La luz del entendimiento
me hace ser muy comedido.
Sucia de besos y arena
yo me la llevé del río.
Con el aire se batían
las espadas de los lirios.

Me porté como quien soy.
Como un gitano legítimo.
Le regalé un costurero
grande de raso pajizo,
y no quise enamorarme
porque teniendo marido
me dijo que era mozuela
cuando la llevaba al río.

("La casada infiel", Federico García Lorca)

Actividades:

1. Lectura del poema.
2. Escritura creativa: EL CÓMIC (FERNÁNDEZ CAMPOS 1997:30). Dibujad por grupos un cómic con el número de viñetas que consideres necesario para ilustrar el poema elegido.
3. Presentad a vuestros compañeros el cómic a través de una presentación en Power Point (escaneadas las imágenes) o a través de un Kamishibai.
4. TIC: realizad un montaje en Windows Movie Maker en el que vuestros dibujos aparezcan acompañados de un fondo musical o del recitado del poema y subidlo a Youtube.

Cuerpo de mujer, blancas colinas, muslos blancos,
te pareces al mundo en tu actitud de entrega.
Mi cuerpo de labriego salvaje te socava
y hace saltar el hijo del fondo de la tierra.

Fui solo como un túnel. De mí huían los pájaros
y en mí la noche entraba su invasión poderosa.
Para sobrevivirme te forjé como un arma,
como una flecha en mi arco, como una piedra en mi honda.

Pero cae la hora de la venganza, y te amo.
Cuerpo de piel, de musgo, de leche ávida y firme.
Ah los vasos del pecho! Ah los ojos de ausencia!
Ah las rosas del pubis! Ah tu voz lenta y triste!

Cuerpo de mujer mía, persistiré en tu gracia.
Mi sed, mi ansia sin límite, mi camino indeciso!
Oscuros cauces donde la sed eterna sigue,
y la fatiga sigue, y el dolor infinito.

("Poema 1", Pablo Neruda)

Actividades:

1. Lectura del poema.
2. Comprensión y análisis: ¿Qué imagen de la mujer nos transmite el poema? ¿Estás de acuerdo? ¿Por qué?
3. Escritura creativa: VISIONES. El poema describe a la mujer desde un punto de vista carnal y terrenal. Selecciona aquellos versos del poema que aludan a dicha descripción y reescribe aquellos que no se corresponden con tu visión de la persona amada.
4. Recita en voz alta y comparte con tus compañeros tu nueva descripción.
5. Añadimos las descripciones al "cuaderno poético" que hayamos creado para la clase de Lengua española y Literatura.

La caricia es un lenguaje
si tus caricias me hablan
no quisiera que se callen

2
La caricia no es la copia
de otra caricia lejana
es una nueva versión
casi siempre mejorada

3
Es la fiesta de la piel
la caricia mientras dura
y cuando se aleja deja
sin amparo a la lujuria

4
Las caricias de los sueños
que son prodigio y encanto
adolecen de un defecto
no tiene tacto

5
Como aventura y enigma
la caricia empieza antes
de convertirse en caricia

6
Es claro que lo mejor
no es la caricia en sí misma
sino su continuación

("Informe sobre caricias", Mario Benedetti)

Actividades:

1. Lectura del poema.
2. Comprensión y análisis: ¿Qué te parece el título "Informe sobre caricias"? ¿Cuál es la estrofa que más te ha gustado? ¿Por qué?

3. Escritura creativa: ESCOGEMOS UNA SENSACIÓN. En el poema, el autor nos da su propia visión de la caricia. Escribe en una hoja una palabra que aluda a una muestra de afecto pasional: beso, arañazo, mordisco...etc. Repartir las palabras entre los compañeros de clase y escribid cada uno una estrofa similar a las del poema con la palabra que os haya tocado. Aglutinad las estrofas bajo el título de "Informe sobre pasión".
4. Recitad en voz alta el nuevo poema (cada uno leerá la estrofa que ha escrito).
5. Añadimos todas las estrofas a un mural poético que adorne la clase.

En las pasiones
buscamos el regreso
al gran vacío.
(Haikú, Francisco Javier Irazoki)

¿Por qué el deleite
de los cuerpos unidos
emite quejas?
(Haikú, Francisco Javier Irazoki)

Un beso largo
deja en el labio el gusto
de dos destierros.
(Haikú, Francisco Javier Irazoki)

Actividades:

1. Lectura del poema.
2. Comprensión y análisis: ¿Qué sonidos te sugieren los poemas? ¿Encuentras algo que te llame la atención desde el puto de vista métrico: versos, rima...?
3. Escritura creativa: HAIKÚ (5 + 7+ 5). Escribe un pequeño Haikú siguiendo la estructura de los poemas vistos en el que reflejes la unión o la pasión amorosa.
4. Recita en voz alta y comparte con tus compañeros tu experiencia.
5. TIC: *tuiteamos* los versos en una cuenta de *twitter* que hayamos creado para la clase de Lengua española y Literatura.

Siglo XXI

No quiero más que estar sobre tu cuerpo
como lagarto al sol los días de tristeza.

Se disuelve en el aire el llanto roto,
al pie de las estatuas
recupera la hiedra
y tu mano me busca
por la piel de tu vientre
donde duermo extendido.

El pensamiento melancólico
se tiende, cuerpo, a tus orillas,
bajo el temblor del párpado, el delgado
fluir de las arterias,
la duración nocturna del latido,
la luminosa latitud del vientre,
a tu costado, cuerpo, a tus orillas,
como animal que vuelve a sus orígenes.

("Latitud", José Ángel Valente)

Actividades:

1. Lectura del poema.
2. Comprensión y análisis: ¿Cómo es la identificación *yo lírico*-lagarto que realiza el autor? ¿Con qué rasgos o actitudes de dicho animal se asemeja el *yo lírico*?
3. Escritura creativa: ANIMALIZACIÓN. Selecciona un animal con el que te identificas y escribe unos breves versos libres en los que describas esa identificación.
4. Recita en voz alta y comparte con tus compañeros tu "animalización".
5. TIC: subimos nuestras animalizaciones al blog que hayamos creado para la clase de Lengua española y Literatura.

Una mujer anda suelta
se echa a la calle
y derriba la noche
bebe el alquitrán a lengüetazos
indómita de fiera desamada
zamarrea el asfalto
despedaza enamorados
frecuenta tentaciones
depreda voluntades
animal rabiando en pos de la ternura
una mujer muerde las carnes
por instinto de amor.

("Ecce femina", Tina Suárez Rojas)

Actividades:

1. Lectura del poema.
2. Comprensión y análisis: ¿Cómo es la imagen de la mujer que nos transmite el texto? ¿Qué sensación te provocan los verbos que utiliza la autora en el poema?
3. Escritura creativa: BINOMIOS FANTÁSTICOS. Tomando como modelo los versos del poema "zamarrea + el asfalto", "despedaza + enamorados", "frecuenta + tentaciones", "depreda + voluntades". Escribid en una hoja un verbo y en otro un sustantivo, introducid las palabras en dos urnas distintas y coged cada uno un binomio al azar. A partir del binomio verbo + sustantivo que os haya tocado escribe una breve composición poética o un microrrelato.
4. Recita en voz alta y comparte con tus compañeros tu binomio fantástico.
5. TIC: subimos nuestros binomios fantásticos al blog que hayamos creado para la clase de Lengua española y Literatura.

Sí, Ginebra, para qué nos vamos a engañar
él te desea, haya luna llena o cuarto menguante,
esté malva el cielo o al borde de una tormenta,
pués el solo mira tus ojos, como ascuas,
y solo espera la invitación tranquila de tu cuerpo

para entrelazarte con dulzura y sentir tu latir,
y por una vez que la sangre de tu sangre corra por tus venas
y por una vez, Ginebra, que Lancelot pueda dejar su miedo,
un miedo que debe morir vencido al alba.
Y déjale que se crea vencedor en esa batalla desigual,
pues es un pobre tipo enamorado y derrotado,
capaz de inmolarse en el fuego de tu cabellera.

("Sí, Ginebra para qué nos vamos a engañar…", Neus Aguado)

Pero seamos realistas:
Penélope, cosiéndole,
no es más feliz que yo
ahora mismo rompiéndole
la cremallera.

("Cosas de mujeres", Inmaculada Mengíbar)

Actividades:

1. Lectura de los poemas.
2. Comprensión y análisis: ¿Qué imagen de Ginebra y Penélope se transmite en ambos poemas? Busca la historia de ambas heroínas, ¿qué cambios encuentras con respecto de la imagen que se nos transmite aquí? ¿Por qué crees que las autoras han decidido cambiar la historia?
3. Escritura creativa: TRANSFORMANDO EL MITO. Escoge una heroína o personaje femenino de la mitología o de la historia de la Literatura y escribe un breve texto (poético o narrativo) en el que inventes una imagen distinta de dicho personaje.
4. Recita en voz alta y comparte con tus compañeros el nuevo mito que has creado.
5. Añadimos nuestros mitos al "cuaderno poético" que hayamos creado para la clase de Lengua española y Literatura.

A fuego lento tu mirada
A fuego lento tú o nada

Vamos fraguando esta locura
Con la fuerza de los vientos y el sabor de la ternura
Sigue el camino del cortejo
A fuego lento a fuego viejo
Sigue avivando nuestra llama
Con todo lo que te quiero y lo mucho que me amas

A fuego lento me haces agua
Contigo tengo el alma enamorada
Me llenas, me vacías, me desarmas
Ay ay ay amor cuando me amas
A fuego lento revoltosas
Caricias que parecen mariposas
Se cuelan por debajo de la ropa
Y van dejando el sentimiento amor forjado a fuego lento

A fuego lento mi cintura
A fuego lento y con lisura
Vamos tramando este alboroto
Con la danza de los mares y el sabor del poco a poco
Siguo el camino del cortejo
A fuego lento a fuego añejo
Sigo avivando en nuestra llama
Tantos días como sueños, tantos sueños que no acaban

A fuego lento me haces agua...
A fuego lento, a fuego lento ay ay ay ay ay...

("A fuego lento", Rosana)

Actividades:

1. Lectura del poema.
2. Comprensión y análisis: ¿Por qué crees que la autora utiliza constantemente la imagen del fuego?
3. Escritura creativa: POEMA ABSURDO. Partiendo de del comienzo del verso "A fuego lento..." cada alumno completa el verso de forma libre. Después, se recogen todos los versos y se construye un único poema.
4. Cada alumno va recitando su verso en voz alta, de forma continua.

5. Adornamos nuestro mural de clase con el nuevo poema que hemos construido.

Vuela, vuela, vuela conmigo,
Cuélate dentro dime “chico”,
Dame calor, sácame brillo,
Hazme el amor en nuestro nido.

No quiero nada, nada más,
Me sobra respirar.
Sube, sube, sube conmigo,
Déjalo todo, yo te cuido.

Ven a Madrid, ten un descuido,
Haz cosas mientras yo te miro.
No tengo miedos, no tengo dudas,
Lo tengo muy claro ya.

Todo es tan de verdad
Que me acojono cuando pienso
En tus pequeñas dudas y eso,
Que si no te tengo reviento,
Quiero hacértelo muy lento.

ESTRIBILLO

Todo, todo, todo, todo,
Yo quiero contigo todo.
Un poco, muy poco a poco, poco,
Que venga la magia y estemos
Solos, solos, solos, solos,
Yo quiero contigo sólo,
Solos rozándonos todo, sudando, cachondos,
Volviéndonos locos, teniendo cachorros,
Clavarnos los ojos, bebernos a morro.

Sueña, sueña, sueña conmigo,
Escríbeme luego un mensajito,
Dime hacia dónde y yo te sigo,
Si tú te tiras yo me tiro.
No tengo miedos, no tengo dudas
Lo tengo muy claro ya.

Todo es tan de verdad
Que me acojono cuando pienso
En tus pequeñas dudas, y eso
Que si no te tengo reviento,
Quiero hacértelo muy lento

ESTRIBILLO

Dame, que aún te queda, dame un poco más,
Dame que lo quiero todo.
Siento que cada vez más, tengo celos de todo.
Dame, que aún te llega y todo llegará,
Solo a mi solo.
Siento que cada vez quiero más.

("Todo", Pereza)

Actividades:

1. Lectura del poema.
2. Comprensión y análisis: ¿Cómo es la imagen del *yo enamorado* que nos transmite la canción? ¿Hay algún verso con el que te identifiques?
3. Escritura creativa: COLOQUIALISMOS. Como ves, en las composiciones poéticas podemos utilizar palabras de la vida cotidiana, vamos e llevar a cabo una tarea de lexicógrafos (ALLUÉ y PÉREZ 76: 2005) en la que debes seleccionar aquellas palabras coloquiales. Una vez localizadas sustitúyelas por otras más formales.
4. Recita en voz alta (utilizando como fondo la música original de la canción) y comparte con tus compañeros el nuevo poema surgido de cambiar coloquialismos por formalismos.

5. TIC: subimos nuestros nuevos poemas al blog que hayamos creado para la clase de Lengua española y Literatura.

5.1.3 El compromiso

Siglo XIX

—Yo soy ardiente, yo soy morena,
yo soy el símbolo de la pasión,
de ansia de goces mi alma está llena.
¿A mí me buscas?
—No es a ti, no.

—Mi frente es pálida, mis trenzas de oro:
puedo brindarte dichas sin fin,
yo de ternuras guardo un tesoro.
¿A mí me llamas?
—No, no es a ti.

—Yo soy un sueño, un imposible,
vano fantasma de niebla y luz;
soy incorpórea, soy intangible:
no puedo amarte.
—¡Oh ven, ven tú!

("Rima XI", Gustavo Adolfo Bécquer)

Actividades:

1. Lectura del poema.
2. Comprensión y análisis: ¿Qué colores te sugiere el texto? ¿Cómo es la amada que busca el *yo lírico*? ¿Por qué desdeña a las demás?
3. Escritura creativa: EL DIÁLOGO POÉTICO. Las tres estrofas del poema se construyen a modo de diálogo entre el *yo* y el *tú lírico*. Inventa una nueva

estrofa en la que dialogues con un/a pretendiente/a. Puedes detallar los rasgos que desearías encontrar en esa persona y quedarte con ella o bien al contrario.
4. Recita en voz alta y comparte con tus compañeros la nueva estrofa que has compuesto.
5. TIC: subimos nuestras nuevas estrofas al blog que hayamos creado para la clase de Lengua española y Literatura.

Casi deseo que fuésemos mariposas
y viviéramos sólo tres días de verano.
Tres días así contigo los llenaría de más placer
que el que cabe en 50 años
(...)
("Cartas a Fanny", John Keats)

Actividades:

1. Lectura del poema.
2. Comprensión y análisis: ¿Por qué crees que el *yo lírico* utiliza la imagen de las "mariposas"? ¿Conoces otras obras en que se empleen las mariposas? ¿Para qué?
3. Escritura creativa: LA DECLARACIÓN. El fragmento poético que se presenta constituye una declaración del poeta John Keats a su amada, Fanny. Inventa una contestación (humorística, amorosa...) en cuatro o cinco versos. Después dibuja una mariposa e incluye la declaración en su interior. Repartidlas de modo secreto entre los compañeros.
4. Recita en voz alta la declaración que te haya tocado.
5. Pegamos nuestra declaración en el "cuaderno poético" que hemos creado para la clase de Lengua española y Literatura.

Renaceré yo piedra,
y aún te amaré mujer a ti.

Renaceré yo viento,
y aún te amaré mujer a ti.

Renaceré yo ola,
y aún te amaré mujer a ti.

Renaceré yo fuego,
y aún te amaré mujer a ti.

Renaceré yo hombre,
y aún te amaré mujer a ti.

("Renaceré yo", Juan Ramón Jiménez)

Actividades:

1. Lectura del poema.
2. Comprensión y análisis: ¿Cómo es la imagen del *yo enamorado* que nos transmite el poema? ¿Con qué estás de acuerdo? ¿Con qué no?
3. Escritura creativa: REPETICIONES. En este poema "y aún te amaré mujer a ti" se presenta como el "estribillo" del poema. Construye un pequeño texto basado en la misma estructura verso + estribillo + verso + estribillo.
4. Recita en voz alta y a dos voces (una para el verso y otra para el estribillo) el nuevo poema que has creado.
5. TIC: seleccionamos el verso + estribillo que más nos guste y lo *tuiteamos* en la cuenta de *twitter* que hayamos creado para la clase de Lengua española y Literatura.

Siglo XX

Tú nunca entenderás lo que te quiero
porque duermes en mí y estás dormido.
Yo te oculto llorando, perseguido
por una voz de penetrante acero.

Norma que agita igual carne y lucero
traspasa ya mi pecho dolorido
y las turbias palabras han mordido

las alas de tu espíritu severo.

Grupo de gente salta en los jardines
esperando tu cuerpo y mi agonía
en caballos de luz y verdes crines.

Pero sigue durmiendo, vida mía.
Oye mi sangre rota en los violines.
¡Mira que nos acechan todavía!

("El amor duerme en el pecho del poeta", Federico García Lorca)

Actividades:

1. Lectura del poema.
2. Comprensión y análisis: ¿Qué imágenes o sensaciones te provoca el texto? ¿Qué crees que siente la pareja enamorada en esta situación?
3. Escritura creativa: SINESTESIA. La sinestesia es una figura retórica que alude a una interferencia de sensaciones, a percibir por un sentido lo que percibimos por otro. En este poema aparecen señaladas unas cuantas. Partiendo del modelo, escribe una serie de sinestesias (siguiendo a MORENO 1998: 187) podéis formar entre todos los compañeros de clase dos columnas, una formada por sustantivos y otra por adjetivos y a continuación, fusionar ambos términos. Después votad entre todos las propuestas que más os hayan gustado.
5. TIC: subimos la sinestesia que hemos creado al blog de Lengua y Literatura acompañándola cada uno de una fotografía, dibujo o vídeo con el que la sinestesia pueda tener alguna relación.

Si yo fuera Dios
y tuviese el secreto,
haría
un ser exacto a ti;
lo probaría
(a la manera de los panaderos
cuando prueban el pan, es decir:
con la boca),
y si ese sabor fuese
igual al tuyo, o sea

tu mismo olor, y tu manera
de sonreír,
y de guardar silencio,
y de estrechar mi mano estrictamente,
y de besarnos sin hacernos daño
-de esto sí estoy seguro: pongo
tanta atención cuando te beso;
entonces,
si yo fuese Dios,
podría repetirte y repetirte,
siempre la misma y siempre diferente,
sin cansarme jamás del juego idéntico,
sin desdeñar tampoco la que fuiste
por la que ibas a ser dentro de nada;
ya no sé si me explico, pero quiero
aclarar que si yo fuese
Dios, haría
lo posible por ser Ángel González
para quererte tal como te quiero,
para aguardar con calma
a que te crees tú misma cada día,
a que sorprendas todas las mañanas
la luz recién nacida con tu propia
luz, y corras
la cortina impalpable que separa
el sueño de la vida,
resucitándome con tu palabra,
Lázaro alegre,
yo,
mojado todavía
de sombras y pereza,
sorprendido y absorto
en la contemplación de todo aquello
que, en unión de mí mismo,
recuperas y salvas, mueves, dejas
abandonado cuando -luego- callas...
(Escucho tu silencio.
Oigo
constelaciones: existes.
Creo en ti.

Eres.
Me basta.

("Me basta", Ángel González)

Actividades:

1. Lectura del poema.
2. Comprensión y análisis: ¿Cómo es la imagen del *yo enamorado* que nos transmite el texto? ¿Cómo es la visión que se nos ofrece de la amada? Escucha la versión de este poema cantado por Pedro Guerra y Ángel González, ¿qué diferencia sientes al escucharlo?
3. Escritura creativa: SI YO FUERA.... Escribe unos breves versos en los que describas qué te gustaría ser y qué harías si tuvieras el poder de convertirse en lo que deseas.
4. Recita en voz alta y comparte con tus compañeros tu transformación.
5. TIC: *tuiteamos* nuestras transformaciones en la cuenta de *twitter* que hayamos creado para la clase de Lengua española y Literatura.

porque ya no somos jóvenes
las semanas han de bastar por los años sin conocernos
sólo esa extraña curva del tiempo me dice que ya no somos jóvenes
caminé yo acaso por las calles en la madrugada
a los veinte con la piernas temblándome y los brazos en éxtasis más pleno
acaso me asomé por alguna ventana buscando la ciudad atenta al futuro
como ahora aquí esperando tu llamada
con el mismo ritmo tú te aproximaste a mí
son eternos tus ojos verde destello de la hierba verde azulada del comienzo del verano
sí a los veinte creíamos ser eternas
a los cuarenta y cinco deseo conocer incluso nuestros límites
te acaricio ahora y sé que no nacimos mañana
y que de algún modo tú y yo nos ayudaremos a vivir
y en algún lugar
cada una debe ayudar a la otra a morir

("Porque ya no somos jóvenes…", Adrienne Rich)

Actividades:

1. Lectura del poema.
2. Comprensión y análisis: ¿Cómo es la relación de la pareja que nos transmite el poema?
3. Escritura creativa: POEMA IRRESPIRABLE (MORENO 1998: 247). En este poema se han eliminado todos los signos de puntuación: comas, puntos, signos de interrogación… Se trata de que el alumno vuelva a colocarlos a su libre albedrío, dando lugar o no al sentido del poema original.
4. Recita en voz alta el nuevo poema que has creado, con las nuevas pausas que has introducido.
5. Busca el poema original y compáralo con el que has creado tú.

El amor nace del deseo repentino de hacer eterno lo pasajero.
*
La larga cola de la novia es la vereda que conduce hasta ella al novio desorientado.
*
Amor es despertar a una mujer y que no se indigne.
*
Como daba besos lentos duraban más sus amores.

("Greguerías", Ramón Gómez de la Serna)

Actividades:

1. Lectura del poema.
2. Comprensión y análisis: ¿Qué poema se acerca más a tu imagen o idea del amor? ¿Por qué?
3. Escritura creativa: GREGUERÍAS, cuando hablamos de "greguería" hablamos de una «frase breve, metáfora que contiene un fondo humorístico y poético» (MORENO 1998: 193), de «frases-chistes-ocurrencia» (ALLUÉ y PÉREZ 80: 2005) Partiendo de los ejemplos propuestos, inventa otra greguería nueva en la que definas algún que otro elemento del amor en su faceta del compromiso: "anillos", "boda", "fidelidad"…
4. Recita en voz alta y comparte con tus compañeros tu nueva greguería.

5. TIC: *tuiteamos* nuestras nuevas greguerías a la cuenta de *twitter* que hemos creado para la clase de Lengua española y Literatura.

Si me quieres, quiéreme entera,
no por zonas de luz o sombra...
Si me quieres, quiéreme negra
y blanca, Y gris, verde, y rubia,
y morena...
Quiéreme día,
quiéreme noche...
¡Y madrugada en la ventana abierta!...

Si me quieres, no me recortes:
¡Quiéreme toda... O no me quieras!

("Si me quieres, quiéreme entera", Dulce María Loynaz)

I
No digas nunca: Ya está aquí el amor.
El amor es siempre un paso más,
el amor es el peldaño ulterior de la escalera,
el amor es continua apetencia,
y si no estás insatisfecho, no hay amor.
El amor es la fruta en la mano,
aún no mordida.
El amor es un perpetuo aguijón,
y un deseo que debe crecer sin valladar.
No digas nunca: Ya está aquí el amor.
El verdadero amor es un no ha llegado todavía…

(…)

("Tractatus de amore", Luis Antonio de Villena)

Actividades:

1. Lectura del poema.
2. Comprensión y análisis: ¿Qué ideas del amor nos proporciona este "Tractatus"?
3. Escritura creativa: ENREDADOS. Combina cada verso del primer poema con un verso del segundo poema, de forma libre, hasta crear un nuevo poema que resulte de la fusión de ambos.
4. Recitad por parejas y en voz alta y a dos voces los nuevos poemas que habéis creado.
5. TIC: subimos nuestro nuevo poema al blog que hayamos creado para la clase de Lengua española y Literatura.

Siglo XXI

Qué dicha no ser Bach, en cuya voz
florecían tan leves los ciruelos,
ni ser Beethoven con su borrasca en la frente
ni Tomás Moro en el taller de Holbein.
Qué dicha no tener
un bungalow en Denver (Colorado)
ni estar mirando desde el Fitz Roy el silencio
mineral de la tarde patagónica
ni oler la bajamar de Saint-Malo

y estar aquí contigo, respirándote, viendo
la lámpara del techo reflejada en tus ojos.

("Otro poema de amor", Miguel d´Ors)

Actividades:

1. Lectura del poema.
2. Comprensión y análisis: ¿Qué sensaciones te provocan ambos poemas? ¿Qué imagen del amor se transmite en ellas?
3. Escritura creativa: REFERENCIAS. Este poema de Miguel d`Ors se construye a base de referencias a personajes, paisajes y momentos. Busca en Internet cada una de ellas para conocer su significado y el sentido que

tienen en el poema. El poema concluye con un momento de la vida cotidiana que para el poeta supera cualquier otro. Selecciona uno de los momentos preferidos de tu vida cotidiana y ensálzalo de manera poética.
4. TIC: subimos los nuevos poemas al blog que hayamos creado para la clase de Lengua española y Literatura.

Se busca musa. Abstenerse flacas resentidas
travestidos y envidiosas.
Sueldo escaso
noches de amor intenso
y libros como hijos.

("Anuncio publicitario", Cristina Peri Rossi)

Actividades:

1. Lectura del poema.
2. Comprensión y análisis: ¿Cómo es la imagen de la *musa* que nos transmite el poema?
3. Escritura creativa: ANUNCIO. Partiendo del poema-modelo, inventa un anuncio en tono más humorístico o más lírico.
4. Recita en voz alta el nuevo anuncio que hemos creado.
5. TIC: subimos nuestro nuevo anuncio al blog que hayamos creado para la clase de Lengua española y Literatura.

Viajar a Marte
o al cuarto de la plancha.
Pero contigo.

("Contigo", Luis Alberto de Cuenca)

Es la vida esta sala de vigilancia
la unidad estricta de dos cuerpos
en cuidados intensivos.

("Unidad de cuidados intensivos", Javier Asiáin)

Actividades:

1. Lectura de los poemas.
2. Comprensión y análisis: ¿Qué crees que tienen en común el viaje a Marte, el cuarto de la plancha y la sala de vigilancia?
3. Escritura creativa: METÁFORA III. En los poemas leídos el compromiso del amor se presenta como un "viaje" o como una "unidad hospitalaria". Crea una nueva metáfora o identificación en la que reflejes tu idea del compromiso.
4. Recita en voz alta el nuevo poema que has creado.
5. Añadimos nuestro nuevo poema al "cuaderno poético" que hemos creado para la clase de Lengua española y Literatura.

Kriño
bien sabs
q no alkanzo la altura
de 1 adosado cn vistas al mar,
xo prometo
adosarm xa siempre
a tu metro stnta d ojos oceanicos

("El autor envía un mensaje corto", Daniel Aldaya)

T parec poc cmpromiso
la ipotek d la ksa
asta q la muert ns separe?
("Kmpans de boda", Daniel Aldaya)

Si tu retiras
lo d mis flotadors crbcros
yo prdono la vida a tus arrugas
("Pacto ntre autor y lectora", Daniel Aldaya)

Actividades:

1. Lectura de los poemas.
2. Comprensión y análisis: ¿Cómo es la imagen del amor que nos transmiten los poemas?
3. Escritura creativa: SMS. El carácter original de los poemas de Daniel Aldaya es su adaptación al lenguaje "sms". Busca un poema breve y reescríbelo usando este patrón o bien inventa tú uno nuevo.
4. Recita en voz alta los nuevos poemas que has creado.
5. TIC: escribimos nuestros "sms" en el grupo de Whatsapp que hayamos creado para la clase de Lengua española y Literatura.

(Chema Madoz)

Actividades:

1. Lectura del poema.
2. Comprensión y análisis: ¿Qué sensaciones te provoca el poema? ¿Qué imagen del amor se transmite en ella?

3. Escritura creativa: POESÍA VISUAL II. Realiza un collage o un montaje fotográfico sencillo en el que aparezca representada tu visión del compromiso amoroso.
4. Realizad una pequeña presentación en Power Point o a través de un vídeo musicalizado en Youtube en el que presentar de forma conjunta todos vuestros poemas.
5. TIC: subimos los nuevos poemas al blog que hayamos creado para la clase de Lengua española y Literatura.

5.1.4 El desgaste o la pérdida

Siglo XIX

Tú eras el huracán y yo la alta
torre que desafía su poder:
¡tenías que estrellarte o que abatirme!
¡No pudo ser!

Tú eras el océano y yo la enhiesta
roca que firme aguarda su vaivén:
¡tenías que romperte o que arrancarme! ...
¡No pudo ser!

Hermosa tú, yo altivo; acostumbrados
el uno a arrollar, el otro a no ceder:
la senda estrecha, inevitable el choque...
¡No pudo ser!

("Rima XLI", Bécquer)

Actividades:

1. Lectura del poema.
2. Comprensión y análisis: ¿Cómo es el *yo lírico*? ¿Y el *tú lírico*?

3. Escritura creativa: POLOS OPUESTOS. El poema de Bécquer se construye a partir de la contraposición de los rasgos opuestos del yo y el tú lírico. Elabora un listado de elementos que se contrapongan. Escribidlos en la pizarra y realizar una votación para elegir el que más os haya gustado. Una vez elegido, escribe una pequeña estrofa de cuatro versos.
4. Recita en voz alta y comparte tu nuevo poema con tus compañeros.
5. Añadimos nuestro nuevo poema al "cuaderno poético" que hemos creado para la clase de Lengua española y Literatura.

tú para mí, yo para ti, bien mío
después, cual lampo fugitivo y leve,
-murmurabais los dos-
«es el amor la esencia de la vida,
no hay vida sin amor».
¡qué tiempo aquel de alegres armonías!...
pasó el amor..., la esencia de la vida...;
no es tiempo ya de delirar, no torna
lo que por siempre huyó.
¡qué albos rayos de sol!...
mas... aún vivís los dos.
huella la nieve, valerosa, y cante
mujer, tu corazón?
¡ya no hubo noches de serena calma,
brilló enturbiado el sol!...
¡qué tibias noches de susurros llenas,
¡amor, llama inmortal, rey de la tierra,
ya para siempre, adiós!
qué horas de bendición!
¡qué aroma, qué perfumes, qué belleza
en cuanto Dios crió,
¡oh mundo engañador!
«tú de otro, y de otra yo», dijisteis luego.
y cómo entre sonrisas murmurabais:
«¡no hay vida sin amor!»
¿y aún, vieja encina, resististe? ¿Aún late,
como soplo veloz,
no sueñes, ¡ay!, pues que llegó el invierno
frío y desolador.

enérgica tu voz.

("Tú para mí, yo para ti, bien mío", Rosalía de Castro)

Actividades:

1. Lectura del poema.
2. Comprensión y análisis: ¿Qué te sugieren los versos desordenados de este poema? ¿Qué crees que le sucede al *yo lírico*?
3. Escritura creativa: POEMAS ATADOS (MORENO 1998: 243). Se han mezclado dos poemas diferentes en uno. Intenta desgajar los versos que se corresponden con uno y los que se corresponden con otro.
4. Recita en voz alta y comparte con tus compañeros los poemas que has detectado. A continuación, busca los poemas originales y compáralos con los tuyos.
5. TIC: subimos los nuevos poemas al blog que hayamos creado para la clase de Lengua española y Literatura.

La princesa está triste... ¿Qué tendrá la princesa?
Los suspiros se escapan de su boca de fresa,
que ha perdido la risa, que ha perdido el color.
La princesa está pálida en su silla de oro,
está mudo el teclado de su clave sonoro,
y en un vaso, olvidada, se desmaya una flor.

(...)

("Sonatina", Rubén Darío)

Actividades:

1. Lectura del poema.
2. Comprensión y análisis: ¿Qué colores te sugiere el poema? ¿Qué crees que le sucede a la princesa?
3. Escritura creativa: FINAL DE CUENTO. Transforma el principio de este poema del verso a la prosa e inventa una razón o diagnóstico para la tristeza de la princesa.
4. Recita en voz alta y comparte con tus compañeros los nuevos diagnósticos.

5. TIC: subimos los nuevos poemas al blog que hayamos creado para la clase de Lengua española y Literatura.

Mujer, ¡ay chamarasca!
Mucha llama
de pronto…
        Después, ¡nada!
("Mujer…", Juan Ramón Jiménez)

Actividades:

1. Lectura del poema.
2. Comprensión y análisis: ¿Por qué identifica a la mujer con el fuego?
3. Escritura creativa: LOS 4 ELEMENTOS. En este poema se identifica a la mujer con la chamarasca-llama, ambas palabras pertenecientes al elemento del fuego. Tomando los elementos restantes: tierra, aire y agua, crea una identificación de la mujer partiendo del modelo visto en el poema.
4. Presenta tu nuevo poema con imágenes de los elementos, al mismo tiempo que lo recitas en voz alta.
5. Creamos un mural de clase dividido de acuerdo con los cuatro elementos y pegamos nuestros poemas en el apartado que nos corresponda.

Siglo XX

Y de mi corazón

una

a

una

van

cayendo

todas

las

hojas

("Y de mi corazón…", Gerardo Diego)

Poco
a
poco
me
fui
quedando
solo

Imperceptiblemente
Poco
a
poco
Triste es la situación
Del que gozó de buena compañía
Y la perdió por un motivo u otro.

No me quejo de nada: tuve todo
Pero

sin
darme
cuenta
Como un árbol que pierde una a una sus hojas
Fuime
quedando
solo
poco
a
poco.
("Solo", Nicanor Parra)

Actividades:

1. Lectura de los poemas.
2. Comprensión y análisis: ¿Por qué crees que los autores han dispuesto los versos de esta manera?
3. Escritura creativa: HOJAS DE ÁRBOL. En estos poemas los autores han dispuesto sus versos a modo de hojas de un árbol, es decir, existe una correspondencia directa entre el contenido del mensaje y su forma. Partiendo del modelo, inventa un nuevo poema en el que el contenido de lo que escribes tenga una correspondencia visual en su forma.
4. Presenta tu nuevo poema mediante un Power Point y recítalo en voz alta.
5. TIC: subimos los nuevos poemas al blog que hayamos creado para la clase de Lengua española y Literatura.

(En Orihuela, su pueblo y el mío, se
me ha muerto como del rayo Ramón Sijé,
con quien tanto quería.)

Yo quiero ser llorando el hortelano
de la tierra que ocupas y estercolas,
compañero del alma, tan temprano.

Alimentando lluvias, caracolas
y órganos mi dolor sin instrumento.
a las desalentadas amapolas

daré tu corazón por alimento.
Tanto dolor se agrupa en mi costado,
que por doler me duele hasta el aliento.

Un manotazo duro, un golpe helado,
un hachazo invisible y homicida,
un empujón brutal te ha derribado.

No hay extensión más grande que mi herida,
lloro mi desventura y sus conjuntos
y siento más tu muerte que mi vida.

Ando sobre rastrojos de difuntos,
y sin calor de nadie y sin consuelo
voy de mi corazón a mis asuntos.

Temprano levantó la muerte el vuelo,
temprano madrugó la madrugada,
temprano estás rodando por el suelo.

No perdono a la muerte enamorada,
no perdono a la vida desatenta,
no perdono a la tierra ni a la nada.

En mis manos levanto una tormenta
de piedras, rayos y hachas estridentes
sedienta de catástrofes y hambrienta.

Quiero escarbar la tierra con los dientes,
quiero apartar la tierra parte a parte
a dentelladas secas y calientes.

Quiero minar la tierra hasta encontrarte
y besarte la noble calavera
y desamordazarte y regresarte.

Volverás a mi huerto y a mi higuera:
por los altos andamios de las flores
pajareará tu alma colmenera

de angelicales ceras y labores.
Volverás al arrullo de las rejas
de los enamorados labradores.

Alegrarás la sombra de mis cejas,
y tu sangre se irán a cada lado
disputando tu novia y las abejas.

Tu corazón, ya terciopelo ajado,
llama a un campo de almendras espumosas
mi avariciosa voz de enamorado.

A las aladas almas de las rosas
del almendro de nata te requiero,
que tenemos que hablar de muchas cosas,
compañero del alma, compañero.

(“Elegía”, Miguel Hernández)

Actividades:

1. Lectura del poema.
2. Comprensión y análisis: ¿Cuál es la imagen que más te ha llamado la atención del poema? ¿Por qué? ¿Qué sabes de las elegías?
3. Escritura creativa: HIPÉRBOLE. La elegía es el llanto poético por la muerte de un ser querido y es frecuente encontrar esta figura retórica entre sus versos. La hipérbole implica una exageración o exacerbación de un sentimiento, en este caso, del dolor o la tristeza por la pérdida que manifiesta el *yo lírico*. Tomando como modelo los versos en cursiva, inventa una nueva hipérbole acorde con los sentimientos del poeta en este texto.
4. Recita en voz alta tu nueva hipérbole.
5. TIC: *tuiteamos* la nueva hipérbole que habéis creado en la cuenta de *twitter* la clase de Lengua española y Literatura.

se me va de los dedos la caricia sin causa
se me va de los dedos en el viento, al pasar
la caricia que vaga sin destino ni objeto
la caricia perdida ¿quién la recogerá?
pude amar esta noche con piedad infinita
pude amar al primero que acertara a llegar
nadie llega están solos los floridos senderos
la caricia perdida rodará rodará

si en los ojos te besan esta noche viajero
si estremece las ramas un dulce suspirar
si te oprime los dedos una mano pequeña
que te toma y te deja, que te logra y se va

si no ves esa mano, ni esa boca que besa
si es el aire quien teje la ilusión de besar
oh viajero que tienes como el cielo los ojos

en el viento fundida ¿me reconocerás?

("La caricia perdida", Alfonsina Storni)

Actividades:

1. Lectura del poema.
2. Comprensión y análisis: ¿Por qué identifica a la mujer con el fuego?
3. Escritura creativa: BANDA SONORA. De acuerdo con el ritmo del poema, busca una banda sonora que te sirva de acompañamiento o base al leerlo.
4. Recitad en voz alta el poema y compartidlo con vuestros compañeros.
5. TIC: grabamos los poemas en un *podcast*, a continuación los subimos al canal de *Ivoox* que hayamos creado para la clase de Lengua española y Literatura.

P.N.
Mas
Líbranos
De
Todo
        Amor
                Amén

("P.N", Efraín Huerta)
-Ya no vuelvo a jugar al parchís,
ni al parchís ni a la oca,
ni a la oca ni a la loca
-sobre todo a la loca.
Se acabó eso de: «De loca en loca y sufrir me toca»

("Me dijo un sufridor de amor", Gloria Fuertes)

Actividades:

1. Lectura del poema.
2. Comprensión y análisis: ¿Qué imágenes o sensaciones te provocan estos poemas? ¿A qué textos te recuerdan los poemas?
3. Escritura creativa: INTERTEXTUALIDAD. El ingenio de estos poemas radica en la habilidad del autor para fundir dos textos: el poema del autor y en este caso, el final de una oración o la coletilla de un juego de mesa. Partiendo del modelo, busca algún otro texto universalmente conocido (bien sea una oración, un refrán o dicho, un poema, una canción…) selecciona un fragmento y fúndelo con un breve poema tuyo, de manera que se produzca una relación indisoluble entre los dos textos.
4. Recita en voz alta tu poema y jugad a adivinar cuál es el texto que se ha utilizado para la intertextualidad.
5. TIC: adornamos nuestro estado "tuenti" con el paralelismo que hemos creado.

Ya nadie graba
en las paredes
en los troncos
luis y maría
raquel y carlos
marta y alfonso
junto a dos corazones
enlazados

ahora las parejas
leen esas vetustas
incómodas ternuras
en las paredes
en los troncos
y comentan
qué ñoños
antes de separarse
para siempre

("Il cuore", Mario Benedetti)

Yo soy quien te quiere, quien más te ha querido
Quien dio 80 vueltas al mundo contigo...
Yo soy tu otra parte, tu medio latido
Tu cuarto creciente, tu nido de amor.

... Si tú no me quieres, allá tú contigo
Si no me has querido, peor para vos
Yo sigo queriendo donde nos quisimos
Donde dibujamos aquel corazón...

Dibujamos aquel corazón, un verano en el río
Dibujamos aquel corazón, con tu nombre y el mío
En invierno quisimos volver
Y aprendí que la tiza no escribe en el frío...
Dibujamos aquel corazón
Y el invierno ha dejado un borrón...
Es absurdo querer subrayar lo que borra el olvido
De momento..... No voy a gastarme la vida contigo...

Me quedo el reinado de tus sentimientos
Así te lo digo... Así te lo cuento....
El medio...el principio y el fin de tus cuentos.
Se escribe con tinta de mi corazón.

... Si tú no me quieres, allá tú contigo...
Si vas a olvidarme peor para vos...
Saber que quererse no obliga al suicidio
No impide que acabes muriendo de amor

Dibujamos aquel corazón, un verano en el río
Dibujamos aquel corazón, con tu nombre y el mío
En invierno quisimos volver
Y aprendí que la tiza no escribe en el frío..
Dibujamos aquel corazón
Y el invierno ha dejado un borrón...
Es absurdo querer subrayar lo que borra el olvido
De momento... No voy a gastarme la vida contigo...

("Aquel corazón", Rosana)

Actividades:

1. Lectura del poema.
2. Comprensión y análisis: ¿Por qué crees que ambos autores utilizan la imagen del corazón en el árbol?
3. Escritura creativa: CORAZÓN DEL ÁRBOL. Vamos a recuperar la antigua tradición de grabar un corazón en un árbol, pero sin estropear la corteza del mismo. Escribe una dedicatoria anónima sobre el amor perdido en un poema que dispongas a modo de corazón y recórtalo. En una cartulina de tamaño A2 dibujad un árbol. Pegad cada uno dentro del árbol el corazón poético que habéis inventado.
4. Leed cada corazón poético en voz alta y tratad de adivinar quién es su autor.
5. TIC: sacamos una fotografía de nuestro árbol poético y la subimos al blog que hayamos creado para la clase de Lengua española y Literatura.

Siglo XXI

Tú me abandonarás en primavera,
cuando sangre la dicha en los granados
y el secadero, de ojos asombrados,
presienta la cosecha venidera.

Creerá el olivo de la carretera
ya en su rama los frutos verdeados.
Verterá por maizales y sembrados
el milagro su alegre revolera.

Tú me abandonarás. Y tan labriega
clareará la tarde en el ejido,
que pensaré: Es el día lo que llega.

Tú me abandonarás sin hacer ruido,
mientras mi corazón salpica y juega
sin darse cuenta de que ya te has ido.

("Tú me abandonarás en primavera", Antonio Gala)

Actividades:

1. Lectura del poema.
2. Comprensión y análisis: ¿Por qué crees que el autor ha utilizado la primavera para simbolizar el abandono amoroso? Escucha la versión del poema cantada por Clara Montes, ¿qué diferencias encuentras al escucharla? ¿Prefieres la versión leída o cantada?
3. Escritura creativa: ESTACIONES. Formad grupos en clase y repartiros las estaciones: Verano, Otoño, Invierno. Realizad un listado de tópicos característicos de la estación que os haya tocado y buscad poemas o canciones que se sitúen en dicha estación. Realizad un mural en el que recojáis los versos de dichos poemas y canciones que más os hayan gustado unidos a otros de vuestra propia creación. Añadid fotografías o dibujos que ayuden a ilustrar las palabras.
4. Presentamos el mural a nuestros compañeros.

Do
lor por estar contigo en cada cosa. Por no dejar de estar contigo en cada cosa.
Por estar irremediablemente contigo en mí.

Re
cordar que mis monedas no me permiten adquirir. Que
mi deseo no es tan poderoso como para taladrar blindajes,
ni mi atrevimiento tan hábil como para no hacer saltar la
alarma. Recordar que sólo debe mirar los escaparates.

Mi
edo por no llegar a ser, por ni siquiera conseguir estar.

Fa
cilmente lo hacen: clavan sus espinas invisibles, abren la
puerta del temor, hacen que renieguen de mí misma cuando
menos se espera. Y ni siquiera saber cuántos han sacado copia
de mis llaves.

Sol
o he logrado el punzón de la pica, la lágrima del diamante
o los caprichos del trébol. Quizá no existan los corazones.
Quizá es que sea imposible elegir.

La
bios sellados, custodios del mejor guardado secreto, del recinto en donde las palabras reanudan
sus batallas silenciosas, sus pacientes y refinados ejercicios de rencor.

Si
crees que es paciencia, resignación, inmunidad o anestesia te
equivocas. Es que he procurado cortar todas las margaritas
para no tener que interrogarlas.

("Notas para un blues", Ana Rosetti)

Actividades:

1. Lectura del poema.
2. Comprensión y análisis: ¿Por qué crees que la autora ha dispuesto su poema a través de las notas musicales?
3. Escritura creativa: ACRÓSTICO. En este poema, la autora parte de la sílaba inicial –que se corresponde a su vez con una nota musical- para construir cada verso. Realiza un acróstico con el nombre del compañero que tienes a tu lado –utilizando cada letra como inicio de verso, tratando de realizar una descripción sobre él.
4. Intercambiad vuestros acrósticos con los compañeros.
5. Añadimos nuestro nuevo poema al "cuaderno poético" que hemos creado para la clase de Lengua española y Literatura.

Cuando nos dirigimos al amor
todos vamos ardiendo.
Llevamos amapolas en los labios
y una chispa de fuego en la mirada.
Sentimos que la sangre
nos golpea las sienes, las ingles, las muñecas.
Damos y recibimos rosas rojas
y rojo es el espejo de la alcoba en penumbra.
Cuando volvemos del amor, marchitos,
rechazados, culpables
o simplemente absurdos,
regresamos muy pálidos, muy fríos.
Con los ojos en blanco, más canas y la cifra

de leucocitos por las nubes,
somos un esqueleto y su derrota.

Pero seguimos yendo.

("Ida y vuelta", AMALIA BAUTISTA)

Actividades:

1. Lectura del poema.
2. Comprensión y análisis: ¿Qué imágenes o sensaciones te provoca el texto? ¿Por qué crees que la autora utiliza los colores "rojo" y "blanco" en su poema?
3. Escritura creativa: POEMA CROMÁTICO. En este poema, la autora juega con los colores amor-pasión y blanco-muerte para representar la ida y vuelta del amor. Escoge dos colores opuestos y busca y atribúyeles un significado. Escribe una breve composición en la que aparezcan ambos colores con los significados que les has proporcionado.
4. Recita en voz alta tu poema, acompañando tu presentación con la proyección de algún cuadro o fotografía o fotograma en el que predomine ese color.
5. TIC: subimos nuestros poemas cromáticos al blog que hayamos creado para la clase de Lengua española y Literatura.

Para no verme triste, has dibujado
mi rostro en los espejos de la casa,
y has afilado minuciosamente
la estaca de madera que tú misma
clavarás en mi pecho, atravesándome
el corazón.

("La mujer del vampiro", Luis Alberto de Cuenca)

Actividades:

1. Lectura del poema.
2. Comprensión y análisis: ¿Por qué crees que el autor se identifica con un vampiro?

3. Escritura creativa: CRIATURAS FANTÁSTICAS. Partiendo del modelo, inventa una breve composición a partir de otras criaturas fantásticas (licántropos, muertos vivientes, fantasmas...) en el que aparezcan sus elementos característicos ("estaca", "espejo" en este caso).
4. Grábate recitando el poema y preséntalo en clase con música e imágenes acordes al contenido.
5. TIC: subimos a Youtube nuestro proyecto y lo colgamos en el blog que hayamos creado para la clase de Lengua española y Literatura.

(Chema Madoz)

Actividades:

1. Lectura del poema.
2. Comprensión y análisis: ¿Qué imágenes o sensaciones térmicas, luminosas, aromáticas... te provoca el texto? ¿Por qué crees que el autor ha utilizado el hielo, la cinta de regalo...?
3. Escritura creativa: PIE DE FOTO. Inventa un pie de foto que sirva como título para este poema de Chema Madoz.
4. Presentad el pie de foto a vuestros compañeros y votad entre todos el que más os haya gustado.

5. TIC: *tuiteamos* los versos en una cuenta de *twitter* que hayamos creado para la clase de Lengua española y Literatura.

5.1.5 La nostalgia

Siglo XIX

Los suspiros son aire y van al aire.
Las lágrimas son agua y van al mar.
Dime, mujer, cuando el amor se olvida,
¿sabes tú adónde va?

("Rima XXXVIII", Gustavo Adolfo Bécquer)

Actividades:

1. Lectura del poema.
2. Comprensión y análisis: ¿Por qué crees que el *yo lírico* interpela al *tú lírico* con esa pregunta?
3. Escritura creativa: VERSO HIPOTÉTICO. Inventa una verso-respuesta-hipotético para la pregunta que el *yo lírico* lanza en el último verso. Respeta la extensión del verso que el autor utiliza (endecasílabos).
4. Recitad en voz alta vuestros versos hipotéticos.
5. TIC: subimos la rima de Bécquer con el nuevo verso hipotético al blog que hayamos creado para la clase de Lengua española y Literatura.

Soñé que tú me llevabas
por una blanca vereda,
en medio del campo verde,
hacia el azul de las sierras,
hacia los montes azules,
una mañana serena.

Sentí tu mano en la mía,
tu mano de compañera,

tu voz de niña en mi oído
como una campana nueva,
como una campana virgen
de un alba de primavera.

¡Eran tu voz y tu mano,
en sueños, tan verdaderas!...

Vive, esperanza, ¡quién sabe
lo que se traga la tierra!

("Soñé...", Antonio Machado)

Actividades:

1. Lectura del poema.
2. Comprensión y análisis: ¿Qué crees que el autor quiere transmitir utilizando ese contraste entre sueño y realidad?
3. Escritura creativa: Y LOS SUEÑOS, VERSOS SON. Recuerda un sueño que hayas tenido y describe qué ocurría y qué sentiste cuando te despertaste.
4. Recitad en voz alta vuestros sueños y compartidlos con vuestros compañeros.
5. TIC: subimos nuestros sueños al blog que hayamos creado para la clase de Lengua española y Literatura.

No te has ido. Es que antes,
unidos cuerpo y alma,
estabas entre el mundo.

Y ahora (no te has ido),
alma y cuerpo distantes,
el mundo está entre ti.

("Una mujer partida", Juan Ramón Jiménez)

Actividades:

1. Lectura del poema.
2. Comprensión y análisis: ¿Cuál es la primera imagen que el poema lleva a tu mente? ¿Qué cambio de significado crees que se produce entre la primera y la segunda estrofa?
3. Escritura creativa: VERSOS VOLTEADOS. En este poema, el autor le da la vuelta a sus veros "unidos cuerpo y alma"-"alma y cuerpo distantes"; "estabas entre el mundo"-"el mundo está entre ti". Inventamos un verso y creamos otro dándole la vuelta al primer. A continuación, intercambiamos uno de esos versos con otro de nuestros compañeros y construimos dos breves estrofas con cada uno de ellos.
4. Recitad en voz alta el poema y compartidlo con vuestros compañeros.
5. Añadimos nuestro nuevo poema al "cuaderno poético" que hemos creado para la clase de Lengua española y Literatura.

Siglo XX

No quiero que te vayas
dolor, última forma
de amar. Me estoy sintiendo
vivir cuando me *dueles*
no en ti, ni aquí, más lejos:
en la tierra, en el año
de donde vienes tú,
en el amor con ella
y todo lo que fue.
En esa realidad
hundida que se niega
a sí misma y se empeña
en que nunca ha existido,
que solo fue un pretexto
mío para vivir.
Si tú no me quedaras,
dolor, irrefutable,
yo me lo creería;
pero me quedas tú.

Tu verdad me asegura
que nada fue mentira.
Y mientras yo te sienta,
tú me serás, *dolor*,
la prueba de otra vida
en que no me *dolías*.
La gran prueba, a lo lejos,
de que existió, que existe,
de que me quiso, sí,
de que aún la estoy queriendo.

("No quiero que te vayas", Pedro Salinas)

Actividades:

1. Lectura del poema.
2. Comprensión y análisis: ¿Qué imágenes o sensaciones te provoca el texto? ¿Por qué el poeta se resiste a olvidar y abandonar el dolor?
3. Escritura creativa: VERSOS MEDICINALES. Vamos a curar el dolor de Pedro Salinas en este poema. Para ello, vamos a sustituir la palabra "dolor" y sus derivados (en cursiva) en el poema por otras palabras que cambien el tono de este poema. Puedes provocar un efecto humorístico, irónico…etc.
4. Recitad en voz alta el poema y compartidlo con vuestros compañeros.
5. TIC: subimos el nuevo poema de versos medicinales al blog que hayamos creado para la clase de Lengua española y Literatura.

Un brazo de la noche
entra por mi ventana.
Un gran brazo moreno
con pulseras de agua.
Sobre un cristal azul
jugaba al río mi alma.
Los instantes heridos
por el reloj pasaban.

("Un brazo de la noche", Federico García Lorca)

Nadie recuerda un invierno tan frío como éste.

Las calles de la ciudad son láminas de hielo.
Las ramas de los árboles están envueltas en fundas de hielo.
Las estrellas tan altas son destellos de hielo.

Helado está también mi corazón,
pero no fue en invierno.
Mi amiga,
mi dulce amiga,
aquella que me amaba,
me dice que ha dejado de quererme.

No recuerdo un invierno tan frío como éste.

("Canción de amiga", Ángel González)

Actividades:

1. Lectura de los poemas.
2. Comprensión y análisis: ¿Por qué los poetas utilizan la imagen del "agua" y el "hielo"?
3. Escritura creativa: LOS TRES ESTADOS. La nostalgia del amor se refleja en ambos poemas a través de la imagen del hielo y del agua, vamos a completar el tercer estado (gaseoso) escribiendo unos breves versos en los que la imagen nostálgica del amor se relacione con el vapor, el humo…
4. Recitad en voz alta el nuevo poema y compartidlo con vuestros compañeros.
5. TIC: subimos el nuevo acompañado de una imagen que lo ilustre al blog que hayamos creado para la clase de Lengua española y Literatura.

Ojinegra la oliva en tu mirada,
boquitierna la tórtola en tu risa,
en tu amor pechiabierta la granada,
barbioscura en tu frente nieve y brisa.

Rostriazul el clavel sobre tu vena,
malherido el jazmín desde tu planta,
cejijunta en tu cara la azucena,
dulciamarga la voz en tu garganta.

Boquitierna, ojinegra, pechiabierta,
rostriazul, barbioscura, malherida,
cejijunta te quiero y dulciamarga.

Semiciego por ti llego a tu puerta,
boquiabierta la llaga de mi vida,
y agriendulzo la pena que la embarga.

("Pena bienhallada", Miguel Hernández)

Actividades:

1. Lectura del poema.
2. Comprensión y análisis: ¿Qué colores, olores, sensaciones táctiles, ruidos… te provoca el texto? ¿Por qué crees que el autor ha jugado con las palabras de esta manera?
3. Escritura creativa: ACRÓNIMOS. Todo el poema de Miguel Hernández describe a la amada y los sentimientos que padece el poeta por su ausencia a través de "acrónimos": palabras de nueva formación que surgen mezclando la parte inicial de un elemento y la parte final de otro. Formad parejas y escribid unos cuantos versos en los que utilicéis acrónimos para describiros los unos a los otros.
4. Recitad en voz alta vueltas descripciones e intercambiadlas con vuestros compañeros.
5. Añadimos nuestro nuevo poema al "cuaderno poético" que hemos creado para la clase de Lengua española y Literatura.

Puedo escribir los versos más tristes esta noche.

Escribir, por ejemplo: «La noche está estrellada,
y tiritan, azules, los astros, a lo lejos.»

El viento de la noche gira en el cielo y canta.

Puedo escribir los versos más tristes esta noche.
Yo la quise, y a veces ella también me quiso.
En las noches como ésta la tuve entre mis brazos.

La besé tantas veces bajo el cielo infinito.

Ella me quiso, a veces yo también la quería.
Cómo no haber amado sus grandes ojos fijos.

Puedo escribir los versos más tristes esta noche.
Pensar que no la tengo. Sentir que la he perdido.

Oír la noche inmensa, más inmensa sin ella.
Y el verso cae al alma como al pasto el rocío.

Qué importa que mi amor no pudiera guardarla.
La noche está estrellada y ella no está conmigo.

Eso es todo. A lo lejos alguien canta. A lo lejos.
Mi alma no se contenta con haberla perdido.

Como para acercarla mi mirada la busca.
Mi corazón la busca, y ella no está conmigo.

La misma noche que hace blanquear los mismos árboles.
Nosotros, los de entonces, ya no somos los mismos.

Ya no la quiero, es cierto, pero cuánto la quise.
Mi voz buscaba el viento para tocar su oído.

De otro. Será de otro. Como antes de mis besos.
Su voz, su cuerpo claro. Sus ojos infinitos.

Ya no la quiero, es cierto, pero tal vez la quiero.
Es tan corto el amor, y es tan largo el olvido.

Porque en noches como ésta la tuve entre mis brazos,
Mi alma no se contenta con haberla perdido.

Aunque éste sea el último dolor que ella me causa,
y éstos sean los últimos versos que yo le escribo.

("Poema XX", Pablo Neruda)

Actividades:

1. Lectura del poema.
2. Comprensión y análisis: ¿Qué música te sugiere el poema? ¿Qué sentimientos contradictorios manifiesta el *yo lírico*?
3. Escritura creativa: EL HEMISTIQUIO. Cada verso del poema de Pablo Neruda se constituye de dos hemistiquios de siete sílabas cada uno, en total catorce sílabas con una pausa o cesura en medio. Intenta escribir dos o tres versos acordes con el contenido del poema (nostalgia amorosa, sentimientos contradictorios…) respetando esa estructura métrica.
4. Recitad en voz alta el poema y compartidlo con vuestros compañeros.
5. TIC: recitamos de forma continua los versos y los grabamos en un *podcast*, a continuación los subimos al canal de *Ivoox* que hayamos creado para la clase de Lengua española y Literatura.

Siglo XXI

Usted se ha ido. Pero tampoco conviene dramatizar
las cosas.

Cuando salgo a la calle,
aún me quedan muchas tapas risueñas en el tacón,
y mis medias de malla consiguen reducir la cintura
de la tristeza
si su ausencia va silenciándome en una resaca
de escarcha.

O sea, que no estoy tan mal.
Porque yo podré ser de vez en cuando un eclipse. Pero
nunca
un eclipse sin sangre de luz.

("Usted se ha ido", Almudena Guzmán)

Que haya un punto de luz,
aunque esté lejos.
Que el agua corra,

no importa si más tarde.

No debiera quererle,
es decir, debiera.

No te desgaje nada
aun a pesar de todo.

("Equilibrio", Luis Muñoz)

Actividades:

1. Lectura de los poemas.
2. Comprensión y análisis: ¿Qué papel juega la luz en ambos poemas?
3. Escritura creativa: LUMINARIAS. En ambos poemas, la nostalgia amorosa no sucumbe a la oscuridad, sino que hay un punto de luz que permite al *yo lírico* seguir adelante. Inventa una imagen en la que la "luz" sea la protagonista en un momento oscuro.
4. Recitad en voz alta vuestras imágenes y compartidlas con vuestros compañeros.
5. TIC: *tuiteamos* nuestras luminarias en la cuenta de *twitter* que hayamos creado para la clase de Lengua española y Literatura.

Para ti nunca fui más que un pedazo
de mármol. Esculpiste en él mi cuerpo,
un cuerpo de mujer blanco y hermoso,
en el que nunca viste más que piedra
y el orgullo, eso sí, de tu trabajo.
jamás imaginaste que te amaba
y que me estremecía cuando, dulce,
moldeabas mis senos y mis hombros,
o alisabas mis muslos y mi vientre.
Hoy estoy en un parque, donde sufro
los rigores del frío en el invierno,
y en verano me abraso de tal modo
que ni siquiera los gorriones vienen
a posarse en mis manos porque queman.
Pero, de todo, lo que más me duele
es bajar la cabeza y ver la placa:

«Desnudo de mujer», como otras muchas.
Ni de ponerme un nombre te acordaste.
("Desnudo de mujer", Amalia Bautista)

Actividades:

1. Lectura del poema.
2. Comprensión y análisis: ¿Qué sensaciones táctiles te provoca el texto? ¿Por qué ha utilizado la autora la imagen de la escultura?
3. Escritura creativa: ESCULTURA VISUAL. Traduce los versos de este poema en un dibujo, un collage o un montaje fotográfico en el que se represente la escultura de la que nos habla el poema.
4. Presentad vuestras creaciones en una plantilla Power Point o cualquier otro medio de proyección visual.
5. TIC: reunimos todas las imágenes en un vídeo amenizado con música acorde con lo visual y subidlo a Youtube.

Vuelve, que te estoy confundiendo con las flores
que adornan los defectos de mi casa, donde aún hablo de ti.
Vuelve, y vuélvete a reír mientras bailamos,
y riégame el jardín que ya no llueve.

Mañana hay una fiesta y me ha invitado el ron a hacerme daño,
a hablarle a otras mujeres del cielo de tus labios.
Ahora que vivo solo me crecen tus enanos,
me dan miedo las noches,
te quiero pero es raro.
Te conozco de siempre,
llegaste hace un rato.

Nieve, te cambio por tu ausencia en los lavabos.
Me cuido menos, debería dejarlo... pero es que me dejaste.

Puedes quedarte con la playa y los abrazos.
Te lo llevaste todo,
yo hago barcos y miro a la ventana.

Puede ser que vuelvas otra vez y hagamos Navidad
y te roce la piel una estrella fugaz.
Ayer te pude ver. Creo que eres más feliz.

Me dio por recordar tu manera de arder.

Y una puesta de sol en Galicia,
el flamenco y tu ropa en el coche,
tu cadera sudando sin prisa,
otra estrella fugada en la noche.

Cuídate, nos debemos la vida.
Vuelve pronto, y se fue con las flores.

Vuelve, que te estoy confundiendo entre la noche…

(“Vuelve”, Andrés Suárez)

De haberlo sabido
no hubiera dado todo en un principio
no hubiera sido la noche en tu espalda
ni congelándote de frío.
De haberlo sabido
me hubiera ido sin decirte nada
no hubiera sido tan duro contigo
no hubiera habido corazón en la garganta
Peor que el olvido
fue frenar las ganas de verte otra vez
peor que el olvido
fue volverte a ver
Me sobran motivos
pero me faltas tú sobre la cama
y ahora que las calles están llenas de bandidos
cuando necesito de tu madrugada
cuando ya te has ido
cuando me parte en dos de una tajada
no hubiera dudado en quedarme contigo
de haber sabido que no me esperabas
Peor que el olvido
fue frenar las ganas de verte otra vez
peor que el olvido fue volverte a ver.

(“De haberlo sabido”, Quique González)

Actividades:

1. Lectura del poema.
2. Comprensión y análisis: ¿Qué puntos en común encuentras en ambos poemas?
3. Escritura creativa: CANTAUTORES. Escucha las canciones. Después, intenta encontrar versos semejantes en una y otra canción y escribe una sola composición que resulte de la fusión de ambos poemas.
4. Grábate recitando la nueva canción que hayas creado sobre un fondo musical que tú mismo hayas buscado para acompañarte.
5. TIC: grabamos nuestra canción a modo de *podcast*, a continuación la subimos al canal de *Ivoox* que hayamos creado para la clase de Lengua española y Literatura.

5.2 Propuesta de Itinerario II. Tipología de las actividades.

ACTIVIDADES DE LIBERTAD IMAGINATIVA SIGUIENDO EL PATRÓN ESTABLECIDO:

-Anáfora (*El idilio,* s. XIX)

-Símil (*El idilio,* s. XIX)

-Paralelismo (*El idilio,* s. XX)

-Personificación (*El idilio,* s. XX)

-Metáfora (*El idilio,* s. XX)

-Antonimia (*El idilio,* s. XX)

-Verbo (*El idilio,* s. XXI)

-Mi primera vez (*El idilio,* s. XXI)

-Traducción (*El idilio,* s. XXI)

-Metáfora II (*La pasión,* s. XIX)

-El verso libre (*La pasión,* s. XIX)

-Polisemia (*La pasión,* s. XIX)

-Constelación semántica (*La pasión,* s. XIX)

-Continuación (*La pasión,* s. XX)

-Escogemos una sensación (*La pasión,* s. XX)

-Haikú (*La pasión,* s. XX)

-Animalización (*La pasión,* s. XXI)

-Binomios fantásticos (*La pasión,* s. XXI)

-Poema absurdo (*La pasión,* s. XXI)

-Diálogo poético (*El compromiso,* s. XIX)

-Declaración (*El compromiso,* s. XIX)

-Repeticiones (*El compromiso,* s. XIX)

-Sinestesias (*El compromiso,* s. XX)

-Si yo fuera (*El compromiso,* s. XX)

-Greguería (*El compromiso,* s. XX)

-Referencias (*El compromiso,* s. XX)

-Anuncio (*El compromiso,* s. XXI)

-Metáfora III (*El compromiso,* s. XXI)

-Polos opuestos (*El desgaste,* s. XIX)

-Los cuatro elementos (*El desgaste,* s. XIX)

-Hipérbole (*El desgaste,* s. XX)

-Estaciones (*El desgaste,* s. XXI)

-Verso hipotético (*El compromiso,* s. XIX)

-Y los sueños, versos son (*El compromiso,* s. XIX)

-Versos volteados (*El compromiso,* s. XIX)

-Los tres estados (*El compromiso,* s. XX)

-Acrónimos (*El compromiso,* s. XX)

-El hemistiquio (*El compromiso,* s. XX)

-Luminarias (*El compromiso,* s. XXI)

ACTIVIDADES DE TRANSFORMACIÓN

-Paradoja (*El idilio,* s. XIX)

-Refrán / Frase hecha (*El idilio,* s. XX)

-Transformación (*El idilio,* s. XXI)

-Visiones (*La pasión,* s. XX)

-Transformando el mito (*La pasión,* s. XX)

-Coloquialismos (*La pasión,* s. XXI)

-Enredados (*El compromiso,* s. XX)

-Sms (*El compromiso,* s. XXI)

-Final de cuento (*El desgaste,* s. XIX)

-Intertextualidad (*El desgaste,* s. XX)

-Acróstico (*El desgaste,* s. XXI)

-Poema cromático (*El desgaste,* s. XXI)

-Criaturas fantásticas (*El desgaste,* s. XXI)

-Versos medicinales (*El compromiso,* s. XX)

ACTIVIDADES DE COMPLETAR

-Sustantivo (*El idilio,* s. XX)

-Adjetivo (*El idilio,* s. XX)

ACTIVIDADES DE ORDEN Y DESORDEN

-Estructura (*El idilio,* s. XX)

-Verso pirata (*El idilio,* s. XXI)

-Poema irrespirable (*El compromiso,* s. XX)

-Poemas atados (*El desgaste,* s. XIX)

ACTIVIDADES BASADAS EN LA IMAGEN

-Imagen (*El idilio,* s. XIX)

-Poesía visual (*El idilio,* s. XXI)

-Cómic (*La pasión,* s. XX)

-Poesía visual II (*El compromiso,* s. XXI)

-Hojas de árbol (*El desgaste,* s. XX)

-Corazón de árbol (*El desgaste,* s. XX)

-Pie de foto (*El desgaste,* s. XXI)

-Escultura visual (*El compromiso,* s. XXI)

ACTIVIDADES BASADAS EN LA MÚSICA

-Ritmo/Música (*El idilio,* s. XX)

-Banda sonora (*El desgaste,* s. XX)

-Cantautores (*El compromiso,* s. XXI)

6. ANEXOS

6.1 Aplicación práctica en el Colegio Salesianos-Pamplona

Durante mi estancia de Practicum II en el Centro Concertado Salesianos-Pamplona puse en práctica con la clase de 3° de ESO B la siguiente actividad, perteneciente de acuerdo con el bloque de contenidos al s. XX en "La pérdida o el desgaste" y de acuerdo con el itinerario según la tipología de actividades a las "actividades basadas en la imagen".

(Chema Madoz)

Actividades:

1. Lectura del poema.
2. Comprensión y análisis: ¿Qué imágenes o sensaciones térmicas, luminosas, aromáticas… te provoca el texto? ¿Por qué crees que el autor ha utilizado el hielo, la cinta de regalo…?
3. Escritura creativa: PIE DE FOTO. Inventa un pie de foto que sirva como título para este poema de Chema Madoz.

4. Presentad el pie de foto a vuestros compañeros y votad entre todos el que más os haya gustado.
5. TIC: *tuitea* los versos en una cuenta de *twitter* que hayamos creado para la clase de Lengua española y Literatura.

[1]Siguiendo las pautas dadas en la actividad, los alumnos leyeron el texto describiendo lo que veían en la imagen. La mayor parte de ellos se mostró escéptica al considerar dicha imagen como un poema. La asociación poema=palabra no admitía otras posibilidades. [2] Durante la comprensión y el análisis, "frialdad", "hielo", "abandono", "gris", "oscuridad" fueron algunas de las sensaciones más repetidas. La mayoría estuvo de acuerdo en asociar el hielo con el enfriamiento progresivo del amor y no tuvieron dificultad en asociar hielo=regalo/detalles como un desgaste en el cuidado de la persona amada. La comprensión fue participativa y muy acertada. [3] Todos los alumnos escribieron el PIE DE FOTO, a continuación los resultados:

Perder (Marlon Chaves)

Las cosas no duran para siempre (Xavier Andrés Rodas)

Derritiendo sentimientos (Josselyne Sarango)

El deshielo (Francisco González)

Deshielo (Jeromy de la Rosa)

El desgaste del amor (Ivonne Martínez)

Crisis (Mikel Santarén)

Final de lo que se llama amor (Pablo Eraso)

Sentimiento pasajero (Aldahir Gastón)

Amor desgastado (Claribel Lara)

Vivir en pareja es difícil (Aurel Gayarre)

[4] Los alumnos salieron a la pizarra y realizaron una lectura pública de su PIE DE FOTO. Para que sirviera de recordatorio, después de la lectura, los anotaron en la pizarra. Se realizó una votación secreta y por escrito para escoger el PIE DE FOTO más original. Los más votados fueron *Crisis* de Mikel Santarén y *Derritiendo sentimientos* de Josselyne Sarango con cinco y tres votos respectivamente. [5] La falta de tiempo, de disponibilidad del aula de informática

y del conocimiento de la herramienta *twitter* para la mayoría de los alumnos, impidió realizar la última parte de la actividad.

6.2 Conclusiones de la práctica realizada

La actividad estaba dirigida en principio a los alumnos de 4° de ESO pero debido a cuestiones temporales, no pude realizarla con dicho curso y en su lugar la puse en práctica con 3° ESO B. Al principio tenía mis dudas sobre cómo sería la recepción del ejercicio por el tipo de alumnado, al tratarse de un curso mucho más movido, de menor madurez y con déficit de atención. Asimismo, la mayor parte de los alumnos, de origen inmigrante, tenía problemas con la lengua castellana y otros tantos manifestaban una aversión explícita hacia la literatura en general. Sin embargo, me sorprendió el elevado grado de participación y de profundización que se generó en el aula, los alumnos levantaban la mano y daban a conocer en voz alta sus opiniones, sus sensaciones sin ningún tipo de vergüenza, pudor o miedo a equivocarse.

Los resultados de los PIE DE FOTO no fueron excesivamente originales, pero sí que en muchos casos se observa una reflexión, una profundización en el tema: *Las cosas no duran para siempre, Crisis, Sentimiento pasajero...* Muchos se alejaron de la imagen y de las palabras que a simple vista mostraba la imagen "hielo", "derretir" para expresar con otras palabras (las suyas) lo que veían y sentían.

Durante la votación los ganadores de los dos PIE DE FOTO más votados recibieron un aplauso por parte de sus compañeros. No hubo ningún tipo de queja ni de problema, al contrario, al saber los alumnos que se trataba de un "concurso" intentaron agudizar más su comprensión y originalidad para ganar. Fue un incentivo.

Finalmente, fue una pena no poder culminar la actividad en las redes sociales, por los problemas anteriormente mencionados. La actividad duró aproximadamente 45 minutos, quizá con un mejor ajuste de los tiempos o con la realización directa de la práctica en el aula de informática se hubiera podido realizar.

Como colofón, simplemente destacar de nuevo la elevada participación, el disfrute de la actividad tanto por los alumnos como por los profesores, la facilidad y no excesiva duración del ejercicio, la presentación de un contenido nuevo: una imagen, lo que permite romper con la tradicional idea de "poema", abrir la mente de los estudiantes y convertirlos en protagonistas en el estudio de la Literatura a través de la escritura creativa.

crisis

Crissis

(Chema Madoz)

DERRITIENDO SENTIMIENTOS

(Chema Madoz)

7. Bibliografía

Obras poéticas

ALDAYA, Daniel: *SMS*, Calambour, Madrid, 2007.

ALEIXANDRE, Vicente: *Historia del corazón*, ed. Irma Ermiliozzi, Biblioteca Nueva, Madrid, 2001.

ASIÁIN, Javier: *Votos perpetuos*, CELYA, Salamanca, 2006.

ASIÁIN, Javier: *Unidad de cuidados intensivos*, Gobierno de Navarra, Madrid, 2011.

BÉCQUER, Gustavo Adolfo: *Rimas y Leyendas*, Espasa-Calpe, Madrid, 1983.

BENEDETTI, Mario: *El amor, las mujeres y la vida. Poemas de amor*, Visor de poesía, Madrid, 1996.

BENEGAS, Noni y Jesús MUNÁRRIZ: *Ellas tienen la palabra. Dos décadas de poesía española. Antología*, Hiperión, Madrid, 1997.

CUENCA, Luis Alberto de: *Los mundos y los días. Poesía 1970-2005*, Visor de Poesía, Madrid, 2012.

DIEGO, Gerardo: *Poesía amorosa 1918-1969*, Plaza y Janés, Barcelona, 1974.

FUERTES, Gloria: *Mujer de verso en pecho*, Cátedra, Madrid, 1995.

GÁMEZ, Fermín: *Pareja en la vida real*, Colección de Poemarios María del Villar, Pamplona, 2001.

GIL DE BIEDMA, Jaime: *Volver*, ed. Dionisio Cañas, Cátedra, Madrid, 1995.

IRAZOKI, Francisco Javier: *Cielos Sesgados. Poesía 1976-1990*, Universidad del País Vasco, Vizcaya, 1992.

JIMÉNEZ, Juan Ramón: *Poesía completa. Premios Nobel,* Aguilar, Madrid, 1957.

NERUDA, Pablo: *Veinte poemas de amor y una canción desesperada*, Seix Barral, Barcelona, 2004.

PLAZA, José María: *De todo corazón. 111 Poemas de Amor*, SM, Madrid, 1998.

SALINAS, Pedro: *Razón de Amor. Largo lamento*, ed. Montserrat Escartín, Cátedra, Madrid, 2005.

SÁNCHEZ-MESA, Domingo: *Cambio de siglo. Antología de poesía española 1990-2007,* Hiperión, Madrid, 2007.

VVAA: *99 Poemas de amor,* DeBolsillo, Barcelona, 2005.

Canciones

http://www.quedeletras.com/

http://www.musica.com/letras.asp?letras=canciones

Obras académicas

ALLUÉ, Consuelo: *Blogueros piden la paz y la palabra,* Biribilka-Revista de los CAP Navarra, nº 10, 2012.

ALLUÉ, Consuelo y Agustina PÉREZ: *Ladrones de textos. Método Explora*, Cénlit, Navarra, 2005.

ALONSO GÓMEZ, Patricia, CERECEDO LAVÍN, Ángela y Adela FERNÁNDEZ CAMPOS: *Unidad didáctica sobre poesía,* Gobierno Vasco, 1997.

ALONSO, Rodolfo: "Para qué sirve hoy la poesía", en Con-Fabulación Periódico Virtual, nº 224, Bogotá, 2 de abril de 2012.

CASSANY, Daniel: "De lo analógico a lo digital. El futuro de la composición escrita", en *Lectura y vida,* Junio, 2000, vol.2, pp. 1-11.

COLOMER, Teresa: "A favor de las niñas. El sexismo en la literatura infantil" en *CLIJ*, Enero, 1994, vol. 57, pp. 7-24.

COLOMER, Teresa: "La enseñanza de la literatura como construcción de sentido" en *Lectura y vida,* Diciembre, 2001, vol.4, pp. 1-19.

COLOMER, Teresa: *Siete llaves para valorar las historias infantiles,* Fundación Germán Sánchez Ruipérez, Salamanca, 2002.

GARRIDO, Miguel Ángel: *Nueva introducción a la Teoría de la Literatura,* Síntesis, Madrid, 2000.

LUZÁN, Julia: "Gente con poesía", EL PAÍS, 28 de Mayo 2006.

MARGALLO, Ana María: "La educación literaria como eje de la programación", en Maria Dolores ABASCAL y Uri RUIZ BIKANDI (coords.), *Didáctica de la lengua castellana y la literatura,* Barcelona, Grao, 2011, pp. 167-186.

MORENO, Víctor: *Va de poesía. Propuestas para despertar el deseo de leer y escribir poesías*, Pamiela, Navarra, 1998.

MORENO, Víctor: *El deseo de escribir*, Pamiela, Navarra, 2004.

MORENO, Víctor: "Leer y escribir, ¿vasos comunicantes?", en *Cuadernos de Literatura infantil y juvenil,* Fontalba, Barcelona, 2005, n° 188, pp. 26-33.

SÁNCHEZ ENCISO, Juan: ""Otra manera de decir «Te quiero»: Una secuencia para introducir la lírica contemporánea en la educación secundaria", en Maria Dolores ABASCAL y Uri RUIZ BIKANDI (coords.), *Investigación, innovación y buenas prácticas,* Barcelona, Grao, 2011, pp. 51-68.

Blogs

Felipe Zayas:

http://trestizas.wordpress.com/2009/06/18/felipe-zayas-competencia-y-solvencia-educativa/

El País:

http://blogs.elpais.com/papeles-perdidos/2012/03/para-que-sirve-la-poesia.html)

Printed by Books on Demand GmbH, Norderstedt / Germany